Vallée de l'Arc Supérieur

RECHERCHES

Archéologiques et Historiques

SUR

FUVEAU

PAR

L'ABBÉ M. CHAILLAN

MARSEILLE

LIBRAIRIE H. AUBERTIN

34, rue Paradis

AIX-EN-PROVENCE

LIBRAIRIES DRAGON

ET MAKAIRE

1901

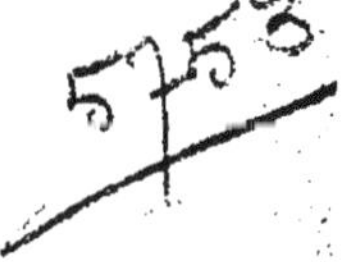

FUVEAU

RECHERCHES

Archéologiques et Historiques

SUR

FUVEAU

PAR

L'ABBÉ M. CHAILLAN

Fuvel enfuvello

MARSEILLE	AIX-EN-PROVENCE
LIBRAIRIE H. AUBERTIN	LIBRAIRIES DRAGON
34, rue Paradis	ET MAKAIRE

1901

PRÉFACE

———

Plusieurs personnes fort qualifiées de Fuveau nous ont demandé expressément et avec obstination même une Étude historique sur ce curieux pays. Après hésitation, nous l'avons entreprise, soit pour être agréable à nos aimables solliciteurs soit pour compléter notre histoire de la *Vallée de l'Arc Supérieur* étudiée déjà en cinq volumes antécédents........

« .... Ce genre de travail est ingrat, écrivait l'éminent M. d'Hauréau, membre de l'Institut, et ne saurait prétendre au glorieux suffrage du public qui ne peut louer que ce qui l'intéresse ; mais il a beaucoup d'attrait pour celui qui s'y consacre. »

Eh oui, à côté du labeur, des mécomptes, des privations de tous genres, il y a, heureusement, dans ces humbles et très humbles études la joie secrète et profonde de se dire souvent « j'ai trouvé ».

Il est vrai, qu'aujourd'hui, la vie sociale en se transformant demande à l'historien beaucoup plus de recherches, d'idées, de faits et surtout de critique qu'autrefois.........

Voilà pourquoi désirant que l'isolement et la solitude où nous écrivons depuis dix ans ne fut « un équivalent d'infériorité » nous avons été plus que jamais, et malgré beaucoup d'obstacles, aux sources authentiques d'informations. A Rome, à Marseille, à Aix, à Fuveau, à Trets, chez divers châtelains..... . nous avons dépouillé les manuscrits qui renfermaient les documents utiles ou profitables à notre publication.

Ils sont surabondants et notablement au-dessus de nos prévisions !

Un choix discret s'imposait tant pour les découvertes d'antiquités préhistoriques. greco-romaines, médiévales, se ressemblant presque partout dans ce *Val de l'Arc*, que pour les titres des Archives départementales, hospitalières et municipales.

Nous avons donc surtout signalé, beaucoup abrévié, ne donnant ici, comme ailleurs, que la substance et la moëlle des choses.

Puisse cette méthode continuer à convenir aux adeptes autorisés de la science, à tous nos amis.....

Ce nous est un devoir bien doux de remercier ceux qui nous aident à poursuivre nos investigations dans le champ, aujourd'hui si intensivement cultivé, de l'inédit, et à glaner, pour ainsi dire, épi par épi, dans les solitudes de nos chères communes rurales, les documents qui composent nos modestes volumes.

Dans la présente publication nous sommes particulièrement reconnaissant à M. Lanteaume, maire de Fuveau, qui a mis à notre entière disposition, avec une grande amabilité, tout le dépôt des manuscrits de sa commune et de son étude notariale.

Nous avons à joindre l'expression de notre gratitude profonde à l'adresse de MM. Raimbaud et E. Long.

Le premier est l'archiviste *volontaire*, obligeant, surtout passionné et généreux, de sa commune, un vrai puits de science locale ; le second, est un ardent patriote, félibre distingué, qui a obtenu quantité de premiers prix, en divers concours de pièces provençales.

Et maintenant, que les habitants de Fuveau lisent, avec respect et attention, les annales de leurs ancêtres, accueillent avec faveur, malgré ses imperfections et ses lacunes certaines, inévitables, ce petit livre, fruit de nos veilles et d'un labeur consciencieux, s'attachent, enfin, avec un grand amour à leur pays plein d'un passé très intéressant !

CHAPITRE I

Antiquités de Fuveau (1). — *Celtes.* — *Massaliotes.* — *Premières traces de l'Évangile. — Emplacement de la première agglomération et de la paroisse du début. — Administration par les moines de Saint-Victor. — Les plus anciennes mentions du nom de Fuveau. — Faits et hommes marquants, jusqu'au XIII*ᵐᵉ *siècle.*

Toutes les périodes de l'archéologie, comme tous les âges de l'histoire, s'expliquent l'un par l'autre. Là où il y a brique romaine, là se trouve silex... A Fuveau, comme à Saint-Maximin, Trets, Bayle, Meyreuil, etc., nous avons suivi les traces humaines depuis les Celtes jusqu'à nos jours. Et si, à Fuveau, la moisson des objets préhistoriques est beaucoup moins abondante qu'auprès des grottes de l'Olympe et du Mont-Aurélien, près la source de l'Arc, il reste néanmoins certain que flèches, racloirs, fusaiolles, ont été découverts

(1) Fuveau, commune du canton de Trets, arrondissement d'Aix, Bouches-du-Rhône, se trouve à 34 kilomètres de Marseille et à 14 kilomètres d'Aix. Sa population est de 2200 habitants.

aux quartiers de Saint-Michel et de Mime. Nous avons aussi, de ce dernier lieu, une médaille dont l'argent porte en effigie le lion, à l'envers de l'inscription « MASSA ».

Deux autres pièces de monnaies massaliotes, originaires du quartier des Baumouilles, sur le chemin de Fuveau à Trets, ont été remises par nous à M. S. Depousier.

Dans ce même lieu des Baumouilles, signalons encore ce petit monument que nous avons extrait du flanc d'un mur romain.

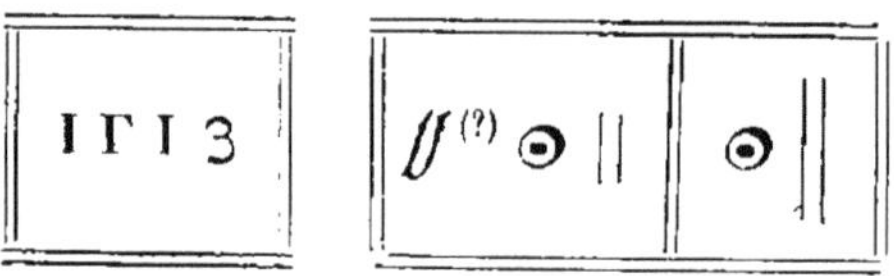

M. Bargés, ancien professeur d'hébreu à la Sorbonne, nous écrivit à son sujet :

« Cher abbé Chaillan, le fragment que vous m'envoyez ne contient aucun signe moderne ni arabe, ainsi qu'on vous l'a dit ; mais l'inscription se compose de quatre lettres grecques qui forment le mot *igiz*, si toutefois la dernière lettre est un « zéta » comme je le conjecture. Sur le revers je ne vois qu'un peu d'ornements d'architecture. Tant qu'on ne possèdera que ce fragment, il sera impossible de rien décider sur la nature du monument dont il a dû faire partie. Je vous le renvoie donc, avec l'espoir que vous continuerez vos intéressantes recherches et que vous arriverez à un résultat plus complet sur ce débris de poterie..... »

Eh bien, le résultat de nos nouvelles enquêtes aux Baumouilles ne nous ayant plus rien révélé de grécomassalien, nous avons voulu soumettre l'*igiꝗ* problématique au directeur de la Revue Epigraphique de France.

Il nous a répondu que la tournure de l'inscription *igiꝗ* paraissait fort bizarre, et qu'il était difficile d'interpréter le reste, comme d'ailleurs, beaucoup de marques sur briques ou sur amphores ...(1)

Un sort identique est réservé à un fragment lapidaire arraché à une construction gallo-romaine, de forme ronde, dans le même périmètre cadastral.

. . . . PEI . . . .

Ces trois lettres, quoique d'une bonne époque, ne nous apprennent qu'une partie de nom italien.

A la Grand'Bastide, dans le coin occidental du cabanon de Madame veuve Célestin Barthélemy, est apposé un morceau d'épitaphe découvert par MM. Bourrely et Raimbaud, et qui contient les lettres suivantes :

EX TESTA
C V

On doit lire « *ex testa* » [mento] *cu* [ravit].

Sur la partie la plus élevée du vieux *Castellas* — près Bellevue — git un cimetière gallo - romain. En fouillant, avec le jeune ouvrier mineur Auguste Martin, les nombreuses sépultures communes, qui y sont contenues, nous avons discerné, gravée sur une tuile, une épitaphe de deux lignes.

______

(1) « // (?) ⊙ || ⊙ || — s(?)oio f(?) (*ecit*) — serait douteux, bien que le nom *soio* n'a rien de rigoureusement impossible, étant consacré à une déesse de l'Ardèche... »

La trace des lettres est sortie trop fruste pour qu'on puisse l'expliquer. Mais, à côté même, nous avons recueilli avec soin une figure ou masque en terre cuite très artistique. Ce masque, avec sa chevelure droite, taillée en brosse raidie, ses yeux fermés, sa bouche ouverte, serait-il un *ex voto* pour guérison de cécité? — Les savants auxquels nous avons confié l'examen de cet objet le pensent d'autant plus volontiers qu'il a été trouvé d'identiques modèles d'*ex voto* romain, dans les environs de Lyon.

De ce mamelon rocailleux, autour duquel apparaissent des constructions considérables, très antiques, amphores immenses, meules fort larges, débris de statues payennes, monceaux de briques, poteries cémétériales, traversons les Rajols. Là même sont trois gros massifs de bâtisses saturés d'éclats de pierre et de chaux vive. Que penser de leur destination? Voûtes pour villas, citernes, tombeaux, fondation de quelque établissement. ils sont cela ou autre chose, *ad libitum eruditorum*.

Saluons St-Jean-de-Mélissanne avec ses ruines épandues çà et là, des deux côtés de la rivière de l'Arc. A droite, près de l'ancien chemin (Bachasson-Rousset), se trouve un monument long de 1 m. 50, large d'un demi-mètre, bordé de larges tuiles à crochet. A gauche, c'est un amas de débris, de substructions en pierres de tailles, de murs antiques, un aqueduc d'environ soixante centimètres de haut sur trente de large amenant les eaux de la Grand'Bastide à l'établissement romain, des fragments de cipes avec moulures....

Remontons à Mime, sous la ligne même du chemin

de fer, d'où les vivants qui passent peuvent voir les restes des morts : c'est la grande loi des choses de ce monde, l'avenir se prépare avec les restes du passé. Donc, en cette campagne de Mime, MM. Barthélemy, frères, modestes et intelligents propriétaires, nous ont montré et donné des vases de toutes sortes, ainsi que des cruches ayant servi aux tables romaines, plusieurs monnaies des deux premiers siècles....

Il y a dans ce petit domaine, parfaitement tenu, une originale collection de briques : carrées, longues, triangulaires, arrondies sur une de leurs faces : $\overset{\frown}{V}$. La réunion de quatre de ces briques forme un disque : $(\overset{\frown}{\underset{\smile}{X}})$. Ces disques paraisssent avoir été destinés à élever des colonnes et supposent tout un système d'appareil qui fait penser aux colonnes d'hypocaustes....

Se révèlent encore, comme pleines d'intérêt, des peintures murales en couleur rouge, bleue ou verte, tantôt unie, tantôt avec des compartiments.

Ces couleurs très vives, quoique exposées plus ou moins, depuis tant de siècles, à l'action de l'air, du soleil et des pluies, sont une preuve certaine que les anciens mettaient dans la composition de leurs peintures à fresque, des matières d'un choix supérieur. Et ces restes d'aqueduc, ces eaux, cette source, et ce puits pour y suppléer en cas de besoin, et ces morceaux de fer qui ont bravé le ravage des temps, et ces mosaïques blanches, toujours en place, toujours visibles, tenues prudemment à l'abri par MM. Barthélemy, est-ce que tout cela ne revêt point ce coquet emplacement d'un charme spécial et caractéristique ?

Le champ de Lambert nous montre quelques blocs

de gros appareil; les environs de la Grand'Bastide exposent aux rayons du soleil une résistante excavation cimentée et pavée de cailloux de torrents, de briques concassées; le ruisseau de la gare, à quelques cents mètres de ladite station, présente sur son bord droit, des constructions datant des âges qui nous occupent.

Le quartier de Saint-Paul nous demande d'inscrire ses marbres blancs, rouges, verts, son vieux bloc troué en forme de bénitier, son carré régulier de maçonnerie ancienne, sa large pierre creuse, ses morceaux de verre remarquablement épais ou à surface irisée.

Les Amandiers! oh! ils sont originaux ces trois bastidons presque exclusivement construits avec des amphores ouvertes, des briques gracieusement variées, des meules en granit. On peut appliquer à cette localité, très riche en ruines romaines, ces vers du poëte latin :

> Nunc passim vix reliquïas... servans
> Obruitur ...

Mais nous relèverons encore sur ce sol mélancolique des Amandiers : de vétustes pans de murs, assis solidement dans la chaux vive, deux pierres de moulin, huit grosses jarres (haut. 1 m. 50 c.; diamètre, 1 m. 25 c,), une voûte en brique, des restes de four et de cheminée, plusieurs squelettes recouverts de larges tuiles, enfin deux gros blocs de pierre, d'une nature étrangère au pays et qu'on aimerait à redresser, à fouiller sur toutes leurs faces...

A la Roquette et aux Sauvaires, nommons des pots en terre rouge pour les aromates, d'autres pots pour l'eau lustrale, trouvés auprès des morts, aux pieds et à la tête des squelettes. Virgile nous apprend qu'on faisait, aux cérémonies des funérailles, une aspersion religieuse, avec un rameau d'olivier plongé, par le célébrant, dans le récipient-bénitier d'alors :

> .... *Spargens rore levi et ramo felicis olivæ*
> *Lustravitque viros*. . .

Enfin des traces gallo-romaines, bien accentuées, existent au quartier de Gouste-Soulet et sur le parcours du chemin traversant le Mont de Gardane.

De cette exploration consciencieuse et patiente, à travers la vaste campagne de Fuveau, il ressort clairement que les premiers habitants furent des Celto-Ligures, visités par les civilisations de Massalia et de Rome (1).

Une conclusion pareille peut se tirer pour l'emplacement même du Fuveau actuel. En effet, les fouilles opérées au siècle dernier et au commencement de celui-ci ont fait découvrir plusieurs tombeaux, tout près du village. Ces tombeaux, les plus nombreux en briques, les autres en plomb, pouvaient bien recéler des monnaies impériales depuis Vespasien jusqu'à Valentinien II ; mais c'est fort à tort, que la *Statistique des Bouches-du-Rhône* mentionne, parmi cette série extraordinaire de pièces de cinq siècles consécutifs, quelques effigies des Papes des Ve et VIe siècles (2).

---

(1) Fermiers et maîtres gallo-romains résidaient dans les villas et leurs dépendances disséminées dans les campagnes. Il n'y avait de véritables associations locales, de communautés proprement dites, que dans les villes. Quant aux villages ils ne se sont formés plus tard qu'autour des établissements féodaux et ecclésiastiques.

(2) « Il n'existe aucune monnaie papale ni du Ve ni du VIe siècle, nous écrit le savant et très aimable M. Laugier, conserva-

De bonne heure la religion chrétienne s'était implan-
tée dans les cités de Marseille, d'Arles et d'Aix, et de
là, facilement, elle avait fait irruption au milieu des
agglomérations rurales. En suivant la voie aurélienne
et les chemins massaliens les semeurs nouveaux jetaient
à droite et à gauche le froment de l'Evangile.

Le territoire de Fuveau, du côté de l'Arc, touche à la
célèbre voie romaine, tandis que par son centre et son
extrême midi, il est sillonné de routes ou carreirades
joignant Marseille. Or, précisément ces deux points
opposés, Belcodène et Favaric, gardent jusqu'à nos
jours les précieux souvenirs qui suivent.

Près des deux pierres terminales de Belcodène (1),
publiées par des érudits éminents, se trouvait, vers le
VIe ou le VIIe siècle, un temple chrétien orné de marbres et d'inscriptions L'*Ecce domus Domini* du dessus
de porte du monument de Belcodène rappelle bien,
avec son *Pax introeuntibus, pax egredientibus*, les
souhaits de bienvenue, les salutations antiques écrits
au frontispice des sanctuaires de l'époque en Italie, en
Espagne, en Afrique, en France.

teur du Musée des Médailles de Marseille. On n'en connait qu'à
partir de Grégoire III (731-741), et encore sont-elles réellement
des monnaies : Les véritables monnaies des Papes apparaissent à
l'époque carolingienne ; elles ne portent aucune effigie, mais seulement des inscriptions. Quant à la médaille elle n'a commencé
à paraître qu'à la Renaissance ».

(1) Albanès, dans son *Gallia christiana novissima* tire admirablement partie de ces bornes-limites. La *fines* que nous avions
retrouvée à Châteauneuf-le-Rouge et auprès de laquelle nous
avions conduit ce prêtre très docte et très regretté l'avait rendu
heureux. Il établit alors, preuves en mains, la ligne divisoire des
cités et des diocèses d'Aix et d'Arles. Cette démarcation qui se fit
au moyen de grands blocs placés par les ingénieurs impériaux,
passait par Saint-Antonin, Beaurecueil, Châteauneuf, Fuveau,
Belcodène...

A Favaric subsiste un autel qui semble d'une époque moins ancienne mais assez rapprochée, probablement, de celle de ladite inscription de Belcodène Il a environ 80 centimètres de haut, 28 d'épaisseur et 40 centimètres de large. Sur le côté droit et sur le devant sont des sculptures qui représentent feuilles de vignes, grappes de raisins, épis de blé, croix, ornements divers... toutes choses qui entreront, plus tard, peut-être, dans une étude spéciale et plus approfondie (1). Cet autel trouvé par M. Aninard, avocat, devant sa belle résidence, ancienne *celle* des moines de Saint-Victor, a été religieusement et très intelligemment mis à l'abri dans une nouvelle chapelle dudit Favaric.

De pareils monuments authentiques , si rares en notre val, éclairent déjà d'une certaine lumière ce lointain passé du règne de l'Evangile à Fuveau ou dans ses environs ; malheureusement, il nous faudra encore des siècles pour arriver à un rayon historique beaucoup plus éclatant. En effet, les invasions des Bourguignons, Visigoths, Maures, etc, ne laissent presque rien debout dans les constructions, presque rien d'écrit dans les archives. Les Carolingiens ont bâti sur des ruines, peu de choses leur survivent...

A cause surtout des guerres perpétuelles et du génie batailleur de la longue époque du moyen-âge, les terres en général, et la plaine de l'Arc en particulier, sont abandonnées aux religieux bénédictins. Ceux ci prennent les fondations romaines, les stations antiques des

(1) Cf. chapitre IV, Châteaularc....

vivants et des morts, pour établir leurs couvent et chapelle de Saint-Michel de Fuveau (1).

Tout autour s'élèvent des habitations nombreuses et, sur ce monticule, très longtemps avant l'an mil, une agglomération se forma. Elle s'y maintint peut-être quelques siècles, mais peu à peu elle se déplaça et alla sur le monticule d'en face, se réorganiser, à la mode du temps, en se hérissant de remparts, se couronnant d'une nouvelle église paroissiale ainsi que d'un château fort (2).

Nous voici au XIme siècle. Apparaît, dans les chartes, le nom de Afruel, puis Afivel, Affuellum, enfin Fuiellum, Fuvel, Fuveau. Cette terminologie autochtone, fort ancienne, est assez fréquente : Allamanon, Alanson, Alhinieu, etc.— L'a initial disparu, les discussions étymologiques restent. — Comme rarement elles se résolvent d'une manière satisfaisante pour tous, nous passerons à d'autres ce problème avec ses conséquences (3).

Fouque, prévôt de l'église d'Aix, avec les chanoines de ladite cathédrale, confirme à Ricard, Abbé de Saint-Victor ainsi qu'à ses moines, l'église paroissiale d'Affuel avec l'église de Saint-Michel (4).

Ces deux sanctuaires, l'ancienne et la nouvelle

---

(1) Voir Chapitre III: origine de la chapelle de Saint-Michel.
(2) Voir Chapitre V.
(3) Monsieur M. Suzanne, de Fuveau, conseiller alors à la Cour d'Aix, écrit dans le Petit Marseillais du 23 janvier 1898 : « La tradition attribue la fondation de Fuveau à un général Fuvellus ; la tradition a seulement déformé le nom de Fulvius. Or un des lieutenants de César, nommé aux *Commentaires*, livre VIII, s'appelait Quintus *Fulvius* Calvenus. Ce serait le fondateur de Fuveau. Castrum Fulvium serait très naturellement devenu *Castrum Fuvillum, Fuvellum, Fuvèu, Fuveau.*
(4) Charte 224me — Saint-Victor.

paroisse, sont reconnus le 18 juillet 1098. Cela nous prouve qu'à cette époque, les mêmes religieux de Saint-Victor qui avaient défriché le sol de Fuveau étaient chargés de pourvoir aux soins des âmes. Par eux la paroisse était administrée; elle était bien distincte de l'église primitive.

Une bulle du 23 avril 1113, signée par le pape Pascal II ; une autre bulle d'Innocent II, du 18 juin 1135, confirme les possessions de l'illustre abbaye et nomme également l'église de Saint-Michel de Fuveau avec l'église paroissiale (1).

Honorius III, le 18 juin 1218, énumère les églises *pleno jure spectantes ad sanctum Victorem*, de la vallée de Trets, et y fait figurer Saint-Michel de Fuveau (?) (2).

Dans les actes du cartulaire de Saint-Victor, afférents à l'époque où nous sommes, on trouve fréquemment, parmi les témoins, des personnes de Fuveau.

Ainsi en 1047, Guillaume du *castrum de Afuello*, et son épouse et ses fils et ses filles, avec Girard et Pons, donnent au monastère de Saint-Victor de Marseille une terre du *mansus* d'André, entre Bouc-Cabriès (3).

En 1057 Guillaume de Roque et Amalric, son frère, donnent à Saint-Victor ses droits sur Saint-Julien, diocèse de Fréjus (4). Signent la charte de donation Borrelli du Pin, Aimeric de Belcodène, et Almaric « prêtre de Fuveau ». Cet Almaric semble distinct

(1) C. 848, 844. Idem.
(2) C. 853. Idem.
(3) C. 1069. Idem.
(4(C. 544, 545. Idem.

du codonateur, d'après la charte 545. S'il était le même, on aurait, peut-être, là, une des premières relations entre le nom de *Roque* et de *Fuveau*, telles qu'on les verra dans la suite.

Guillaume de Fuveau cède au prieur de Saint-André d'Agde (Hérault) tout ce qu'il possède dans le territoire *Vivarii* (1). Entre les moines de Saint-Victor et Guillaume de Solliès, etc, devant le vénérable Raymond-Béranger de Barcelone, marquis de Provence, un arrangement à lieu au sujet de quelques droits et de certaines terres constestées. Etaient présents plusieurs évêques et des personnages de marque, parmi lesquels *Hugo de Fuveau*, 13 juillet 1116 (2). Le nom d'Hugo, ou Hugues de Fuveau, est signalé dans une charte du 19 février 1259 (3). Voici la substance de ce document :

« Hugues, sacriste, Hugues, chevalier, Roque, Bertrand, Raymond, etc, tous seigneurs de Fuveau, d'une part ; et frère Sicard, commandeur ou supérieur de l'aumônerie de Saint-Victor de Marseille, frère Bertrand, commandeur, aussi, de la maison de Gréasque, d'autre part. Toutes ces personnes étaient en désaccord sur les limites des territoires de Gréasque et de Fuveau. Elles chargent Geoffroi de Roquevaire de placer des termes et promettent de se conformer exactement à tout ce qu'il décidera ». Suit la délimitation qui part du mamelon et du *vallat* de *Sambolas* (Les Sembles), passe

(1) C. 1108. Acte passé à l'évêché d'Agde, en septembre 1167. Chose curieuse, le donateur s'appelle Guillaume ; l'évêque d'Agde, Guillaume ; le prieur de Saint-André, d'Agde, Guillaume.
(2) C. 805.
(3) C. 1130.

au chemin de Marseille, à la fontaine d'*Aurimie*, aux terres de *Gavarès*, au vallon de *Petarico*, enfin aboutit à la *Colle* des amandiers, *Collam Amendolerias*. A chacun de ces lieux furent placées des pierres terminales.

M. Rouvière, caissier des mines de Gréasque, trouva il y a quelques années, un de ces « termes médiévaux ». La borne a 60 centimètres de haut, sur 3o centimètres de large. Elle a été tirée des carrières de pierres à aiguiser très répandues à Fuveau. Sur une de ses faces se remarque sculptée une crosse, et sur l'autre, l'épée du gardien (1).

Raymond Geoffroi et ses fils rapinaient, dans le val de Trets, certains biens du monastère de Saint-Victor. Guillaume, Abbé de Marseille, se plaint à Raymond-Béranger, comte de Barcelone, marquis de Provence, Des concessions mutuelles ont lieu, un compromis est signé. Jurent de le faire observer ledit marquis de Provence, et *Raymond de Fuveau* (2).

La même année 1156, *Raymond de Fuveau*. est témoin d'un acte passé entre Geoffroi de Signe et l'abbaye de Saint-Victor (3).

Un autre *Raymond de Fuveau* signe un instrument au nom de l'évêque de Marseille. Après des altercations très vives et très longues entre les vicomtes et l'évêque Pierre, de Marseille, l'Archevêque d'Arles, les évêques de Carpentras et de Toulon font accepter une

(1) Ce curieux monument est entre les mains de M. l'abbé Bonifay, ex-curé de Saint-Savournin, près Gréasque, aujourd'hui curé de la paroisse Saint-François d'Assise, boulevard Vauban, Marseille.
(2) C. 702, année 1156.
(3) C. 967.

transaction, le 17 octobre 1164, à Aix, dans le cloître des chanoines. L'assemblée qui se réunit en ce lieu fut très importante et composée de dignitaires ecclésiastiques et laïques (1).

Encore en 1164, *Raymond de Fuveau* (probablement le même que dessus) avait fait une donation, à la Roque, aux moines de Sylvacane.

Or certains héritiers de ce Raymond de Fuveau contestèrent plus tard les termes de cette libéralité. Albéric, Abbé de Sylvacane, exhibe l'acte même, et, après examen, on met fin à la controverse.

L'arrangement fut conclu le 29 avril 1193, dans le cloître de Saint-Sauveur d'Aix. Témoins : Albéric, Abbé de Sylvacane, Bertrand, prieur, Ildefonse, roi d'Aragon, Ildefonse, son fils, comte de Provence, etc (2).

Ont déja paru prêtres, moines et seigneurs de Fuveau. Voici maintenant un prélat, originaire de ce pays, d'après Fisquet (3) qui, malheureusement, a le tort de ne jamais citer ses sources. La *Chronique de Saint-Victor* dit que Bernard fut six ans Abbé de cette illustre abbaye de Marseille avant d'être Archevêque d'Arles. Le cartulaire nous le montre Abbé en 1127 (4) et le 6 février 1129 (5).

Au mois d'août 1129, Bernard, alors Archevêque d'Arles, signe avec plusieurs autres évêques, le contrat de mariage entre Guillaume, seigneur de Montpellier et Sibylle...

(1) C. 1106.
(2) Archives des Bouches-du-Rhône. Fonds de Silvacane, nº 98.
(3) « Bernard-Garin était du village de Fuveau, au diocèse d'Aix ». *France Pontificale*, Aix. — Le très docte M. Ul. Chevalier, n'a pas plus que moi, trouvé la preuve de cette affirmation qui est, peut-être, une simple tradition.
(4) C. 785, 890.
(5) C. 830.

Le 19 octobre de la même année, il donne aux Hospitaliers de Saint-Jean-de-Jérusalem l'église de Saint-Thomas de Trinquetaille (1).

P. prieur de Saint-Victor lui écrit en 1129/1136 pour se plaindre des vexations de l'évêque de Marseille.

Il paraît comme légat du Pape en 1130, 1134, 1136, etc. (2).

Il reçoit le Pape Innocent II de passage à Arles, en septembre 1130.

Le 21 février 1131, Ermessende lui rend hommage pour le château de Saint-Chamas, en présence de Raymond des Baux, et le 15 mai de l'année suivante Raymond Geoffroi, vicomte de Marseille, s'acquitte, avec serment, du même devoir, promettant de défendre la vie et les biens dudit Archevêque d'Arles.

Sous l'épiscopat de Bernard, nous devons noter la fondation et dotation de l'église de Saint-Jacques de Saliers (1135), en Camargue, la concession de l'église de Saint-Arroan, près Tarascon, par Montmajour (1136), et la remise, en gage, de la condamine de *Mesenx de l'albar* en Camargue (1137).

L'empereur Lothaire III, dans une lettre de septembre 1136, se plaint vivement à l'Archevêque Bernard du peu d'égards qu'il avait eu pour ses ordres et du mépris où était tombée son autorité souveraine. Il menace de peines afflictives les sujets rebelles et promet des récompenses aux obéissants. Lothaire lui ordonna ensuite de l'aller joindre à Plaisance avec ses

______

(1) Authentique du chapitre d'Arles, f° 109. — Authentique de Trinquetaille, f° 73.

(2) *Gallia christiana novissima.* (Albanès. U. Chevalier), p. 202 et suiv.

vassaux, *cum militia tua*, et lui annonça qu'il lui envoyait son chapelain pour lui communiquer toutes ses volontés.

L'Archevêque n'obéit pas plus à Lothaire qu'à son successeur. Provençal avant tout, il favorisa son pays contre les prétentions allemandes. Zurita, dans son Histoire d'Aragon, vante l'habileté des Arlésiens dans l'art de la navigation, sous l'administration de notre prélat. La ville d'Arles continuait encore alors d'être renommée par ses richesses et par l'abord des négociants étrangers, alors qu'en France il y avait bien peu de commerce et d'industrie.

Le Nécrologe de Saint Gilles fixe la mort de Bernard I Garin, au 2 mars 1138 (?). Celui de la Canourgue indique les 4 et 6 du même mois.

Au XII⁰ siècle, dans le cens de blé, dû à Saint-Victor, Fuveau est taxé à III *muis* — modios —. C'est une petite redevance en comparaison de celle donnée par Trets, XV modios ; Favaric-Châteauneuf, V ; Peynier, VIII ; Gardanne, VIII, etc (1).

Guillaume d'Orgnon est coseigneur de Fuveau, en 1259, et Guillaume de Fuveau vend son droit de pâturage à la commune d'Orgnon, en 1130. Jacques Corroseti, prieur de Fuveau, figure dans une charte de 1281, au sujet de la fixation des limites territoriales entre Gréasque et Belcodène, et un parchemin du 17 septembre 1337, nous renseigne sur les quelques setiers de blé payés par le prieur de Fuveau à l'abbaye-mère de Saint-Victor de Marseille (2).

(1) C. 778.
(2) Arch. dép. Saint-Victor, liasse 906 — et C. 1131, etc.

CHAPITRE II

L'église de Fuveau, depuis le XIIme siècle jusqu'à la Révolution. — Les possessions de Saint-Victor à Fuveau. — Les moines curés. — Arrentement du prieuré de Fuveau. — Les prêtres séculiers nommés par les prieurs. — Leurs luttes, leurs travaux, leurs dévoûments. — Etat civil. — Liste des curés de Fuveau, approuvés par les Archevêques d'Aix. — Visites des Archevêques. — Amélioration du presbytère, de la paroisse. —Œuvres de bienfaisance.

La vallée de Trets fit partie du territoire d'Arles, jusqu'au XIIe siècle ; après, les églises de la vallée furent exemptes, et n'appartinrent à aucun diocèse.

Fuveau étant, par les limites de Belcodène et de Capelier, près Châteauneuf-le-Rouge, compris dans le diocèse d'Aix, payait une redevance à son église-mère et subissait le désagréable tiraillement, bien souvent inhérent à une position frontière, enviée des deux côtés (1).

(1) C. 853, 18 juin 1218. — Redevances du synode de 1251. — C. 1149, etc. — Arch. des B.-du-Rh. B. 1500 f° 67, etc.

L'instrument du synode de 1251 apprend que Fuveau était taxé à II sous, tandis qu'aucune des huit églises de la vallée n'est imposée.

En 1323 la vallée de Trets fut donnée au diocèse d'Aix (1), et ce fut l'Archevêque Jacques de Concos, ami et confesseur du Pape Jean XXII, qui commença à y exercer la juridiction pleine et entière.

Aussi le rôle des décimes du XIVe siècle taxe la paroisse de Fuveau comme ses voisines Rousset, Peynier, etc.

L'influence des religieux de Saint-Victor continue à être considérable à Fuveau (2) aux XVe, XVIe siècles et suivants, comme d'ailleurs sur tous les bords de l'Arc supérieur (3).

Le prouvent, un arrentement du 2 février 1383 et un autre de 1424 (4) ; un nouveau bail du 25 février 1435, pour le prieur de Fuveau, de 60 éminades d'hermas au Mont-de-Gardane (5) ; un arrentement du 16 octobre 1462, « par Fulco Botarici, Abbé (6) de

---

(1) Saint-Victor cart. 1149.

(2) La cure de Saint-Sauveur d'Aix avait aussi certains biens à Fuveau, comme nous en informe un bail du 24 octobre 1381. — Notaire Pinchinat à Trets.

(3) Voir notre chapitre sur Saint-Victor dans *les Recherches historiques de Trets*.
Là aussi se trouvent des indications importantes sur les curés, les vicaires perpétuels, les secondaires, les prieurs, etc., que nous n'avons pas jugé utile de reproduire dans la présente étude.
Nous y renvoyons donc le lecteur curieux et attentif.

(4) Etude Darbez. — Aix.

(5) Etude Lieutard. — Aix.

(6) Le « Catalogue des Abbés de Saint-Victor met, à cette date pour Abbé, Pierre du Lac » et ne parle pas de Fulco Botarici ou Botaric, qui n'était peut-être que prieur de Fuveau, ou délégué de l'Abbé Pierre du Lac.

Saint-Victor, » prieur de Fuveau, à Elzéard Rodulfe,
seigneur de Fuveau, de tous les droits du prieuré du
lieu, pour quatre ans, à la rente de 36 florins, et à con-
dition qu'il payera 4 saumées de blé à l'église Saint-
Victor, qu'il fera faire le service de l'église à Fuveau
par un curé et un clerc, qu'il payera les décimes et
les visites du prieur ou de son délégué (1); une transaction de 1483 entre ledit Rodulfe et l'Abbé de Saint-
Victor, prieur du lieu (2); une reconnaissance du 27
décembre 1510 sur une bastide et affard du prieur, à
la cense de cinq saumées de blé et une d'avoine (3).

Le prouvent, au surplus, certaines chartes citées
plus haut et surtout deux liasses (papier et parchemin)
formant un total de cent deux pièces du fonds de Saint-
Victor. C'est là que nous puisons la majorité des élé-
ments de ce chapitre.

Le premier document de la liasse 845ᵉ a trait à la
présentation de Louis Blanc comme curé (4) de Fuveau. C'est le prieur de Fuveau, Barthélemy Bonvoisin, religieux de l'abbaye de Saint-Victor et sacriste
de l'église de Marseille, qui détaille à l'Archevêque
d'Aix, Julien de Médicis, les qualités de son candidat.

Louis Blanc est natif d'Argens, mais il habite Aix
depuis plusieurs années; il y est très connu et très
estimé. Aussi Monseigneur l'accepte, lui donne les
pouvoirs d'administrer les sacrements; et le prieur l'au-

(1) Etude Darbez. — Aix.
(2) Bert. Borrilli. — Aix.
(3) Maître Minuti. — Aix.
(4) Les vicaires du prieur décimateur, devenus plus tard ina-
movibles, selon les décrets du Concile de Trente, signaient
volontiers les actes en mettant le nom de curés.

torise à prendre possession de la maison claustrale.

Nous sommes en octobre 1574.

L'année 1590 voit changer le prieur de Fuveau : c'est Virgini Vincent, cabiscol du monastère de Saint-Victor de Marseille, qui reçoit la succession de Bar-thélemy Bonvoisin.

Le curé reste le même. Il publie, au prône, les ordon-nances séculaires, et pour obéir à son prieur, annonce que les grains ne doivent pas s'enlever de l'aire sans en avertir celui qui a droit de dîme.

Virgini Vincent se met en désaccord avec Balthazar Rodulfe, seigneur de Fuveau (1594). Robert Sacco, qui lui succède dans le prieuré en 1603, intente des procès à Louis et Jacques Blanc, curés.

Louis Blanc est assez riche; il possède une belle mai-son dans le pays de Fuveau et une villa à la campagne, ainsi qu'une métairie près du village.

Il paraît que cela est un crime pour le religieux de Marseille, car il ne veut pas payer sa portion congrue.

Affectons la, écrit-il à l'Archevêque d'Aix, aux réparations que demande ce curé « reprochable. » Pourquoi ne fait-il, d'ailleurs, venir un prédicateur à Fuveau pendant le carême?...

Louis Blanc est un homme de bien, répond Monsei-gneur; sa vie et sa réputation sont bonnes. Il est capa-ble, il remplit sa charge au contentement du pays pour la prédication, soit pendant le cours de l'année, soit pendant le carême.

Il administre les sacrements avec exactitude; le prône est bien fait; enfin le prieur ne s'est jamais plaint, excepté depuis le jour de ladite demande légitime.

Une visite de Brun, vicaire général d'Aix, à Fuveau, en 1605, rend le curé très content. Il prescrit au prieur de fournir un calice, une custode, un missel, des encensoirs, une « chapelle de mortuis » ; il ordonne de réparer les fenêtres du couvent et de l'église paroissiale et de l'église de Saint-Michel, hors la ville; il enjoint de fermer et de murer le cimetière où les brebis entrent et vont paître.

Louis Blanc a disparu après avoir obtenu certaines satisfactions; Jacques Blanc, nouveau curé, redemande la portion congrue à l'Archevêque (1653). Robert Sacco répond à Monseigneur que la pétition est insoutenable, car ledit solliciteur a déjà reçu une donation plus que suffisante.

C'est faux, riposte Jacques Blanc, et la preuve en est qu'après avoir, d'une part, additionné mon paiement de quelques charges de blé à 14 livres la charge, et de 35 milleroles de vin à 4 florins la millerole : et, d'autre part, compté la rémunération fournie au prêtre de Saint-Savournin, envoyé sous ma dépendance, il me reste 36 livres !!!

L'affaire se poursuit sans s'arranger, et quelques petites concessions de Marseille font taire momentanément les Archevêques d'Aix, peu stables sur leurs sièges à cette époque.

Ce qui préoccupe davantage le monastère de Saint-Victor, c'est l'arrentement du prieuré de Fuveau. En 1620 il avait été adjugé à 200 écus d'or. Le 18 mars 1649, Jean-François Grimoard, marchand d'Auriol, l'arrente pour six ans aux conditions suivantes :

« Payer au prieur 1550 livres en deux portions éga-
les, à Noël et à Pâques ; porter 12 charges de bon blé,
annuellement, à Marseille, à la mi-août, dans les greniers de Saint-Victor.

Au vicaire du prieur à Fuveau, donner la pension
convenue pour faire le service tant à *Fuveau* qu'à
Saint-Savournin. A l'Archevêque d'Aix remettre la
somme de 36 livres par an.

Ledit fermier entretiendra à ses dépens la maison
claustrale et le couvert des églises de Fuveau, ainsi que
de Saint-Savournin.

Il défraiera l'Archevêque d'Aix et son vicaire général dans les visites du prieuré.

Il défraiera également le prieur, ses serviteurs, officiers et religieux du monastère avec leurs montures.

Le prieur pourra rester jusqu'à trente jours, s'il est
besoin pour les affaires du prieuré. Ordinairement, il
séjourne trois jours.

Ledit fermier sera tenu aussi de faire les procès, à
ses dépens, contre les paroissiens qui refuseront de
payer la dîme du blé, des agneaux, du vin, etc.

Il ne fera aucune réparation aux frais du monastère,
sans l'exprès mandat du prieur ; de même il ne baillera argent à aucun particulier sans procuration du
chapitre. Enfin il n'associera personne à l'arrentement sous peine de cent écus.

Et pardessus tout cela, Grimoard procurera à l'église
de Fuveau quatre aubes et quatre nappes..... ».

Comme on le voit, ce n'était pas une petite affaire
que d'être fermier dans un prieuré de ce genre. Ce titre

donnait, il est vrai, une influence si grande dans les paroisses et auprès des prieurs, que souvent l'adjudicataire choisissait les curés pour les désigner aux autorités.

Quels temps et quelles coutumes, avec ces pasteurs longtemps mercenaires et ces exacteurs de dîme ! Et comme il faut bien reconnaître qu'aujourd'hui ces matières de location, ces usages de placement, condamnés d'ailleurs par les Archevêques d'Aix, ôteraient tout prestige, amèneraient toutes sortes de résistances !

Saint-Victor, content de son fermier, écoute la supplique de la communauté de Fuveau pour coopérer à l'achat d'une cloche.

Nous tenons un billet de Pourcin, fondeur à Marseille, dans lequel il déclare avoir reçu 71 livres, 3 sous, 14 deniers, pour prix et façon de la cloche qu'il a faite pour Fuveau en 1653.

Ce prix a été donné par Saint-Victor. Or les consuls, par acte notarial de 1651, avaient promis le paiement des deux tiers du prix.

Ledit fondeur n'a qu'à les demander à la communauté afin de tenir l'entier paiement ; ce qui eut lieu.

Jacques Vitalis est déjà depuis longtemps curé de Fuveau en 1642. Il est de cette race des Vitalis intelligents et tenaces qui s'occupent du pays et de l'église avec une connaissance parfaite de leurs besoins.

Ce n'est pas assez pour lui d'avoir obtenu de Saint-Victor une croix d'argent, d'environ 200 livres, trois chasubles, divers ornements ; il veut quand même la réalisation des réparations urgentes, soit à l'église soit au cimetière.

Il adresse une requête très pressante au vicaire général d'Aix, en le priant d'insister auprès de Saint-Victor pour qu'on mette la main aux travaux promis depuis un demi-siècle.

Réponse consolante ! — Un bon peintre a été arrêté pour l'ornement de l'autel, du rétable et du tabernacle. Le prix-fait des améliorations du cimetière est signé, et même le maçon a touché une partie de la somme convenue.

L'économe du monastère avait eut peur, cette fois, et pour cause. Le curé de Saint-Sauveur d'Aix avait été délégué par l'admin'stration diocésaine afin de faire un rapport détaillé. Il était venu à Fuveau, et son rapport était sévère.

Vitalis triomphe. Il déclare aux consuls qu'eux aussi doivent remplir leurs devoirs. Il faut que les sentences s'exécutent et de la part du prieur et de la part de la communauté. A chacun son tribut pour que tout soit en ordre.

De même qu'à Trets, le curé Mourgues avait été l'homme du cardinal Grimaldi pour détruire les abus de la puissance monacale et civile, de même à Fuveau, Jacques Vitalis agira de concert avec son illustre Archevêque pour rétablir l'ordre dans les choses de l'Eglise, et imposer l'harmonie entre Saint-Victor et la communauté.

Le protestantisme ayant fait invasion dans beaucoup de paroisses du diocèse d'Aix, la Providence daigna nous envoyer un autre saint Charles Borromée afin de restaurer la discipline, et poursuivre très courageusement, dans la formation des ecclésiastiques au séminaire, comme dans la correction des nombreux curés et chanoines coupables, l'œuvre sainte du Concile de Trente (1).

Heureusement que Grimaldi fut entouré d'hommes éminents, et qu'il sut inspirer aux pasteurs, dans ses fréquentes visites aux églises de son diocèse, l'amour des études, la pratique des vertus, le zèle des âmes, l'habitude d'une bonne administration.

Que de prêtres, dans presque chaque cure, durant trente ans d'épiscopat, il sut gagner à la cause de la rénovation des mœurs et de la discipline canonique !

Fuveau eut une de ses visites au début de son règne, et combien elle fut féconde en bienfaits moraux et matériels !

La liasse 805ᵉ, du fonds de Saint-Victor, nous montre deux pièces de 1654, très instructives pour l'histoire des Beaux-Arts.

C'est d'abord un prix-fait de Michel Ballin, peintre de la ville de Paris, résidant à Marseille.

Il s'engage à faire, dans l'espace de deux mois, pour la somme de 351 livres :

« 1° Une peinture à l'huile au plafond de l'église de
« Fuveau, représentant Notre-Dame ayant son petit
« fils sur les bras, accompagnée de quelques anges....
« à main droite saint Jean-Baptiste avec son agneau ;
« à gauche saint Michel avec le diable sous ses pieds.
« 2° Un rétable dans la chapelle du cimetière de

(1) La vie de ce grand Archevêque réformateur, nous tenons à le répéter, mériterait l'attention d'un historien consciencieux. Quelles belles pages pour le diocèse d'Aix, à travers les ruines morales décombrées !

« Fuveau, représentant saint Michel et le Purga-
« toire (1) ».

C'est ensuite un acte du notaire royal Bezaudun à
Marseille, certifiant que Vachier, orfèvre de la ville
de Marseille, a fait pour l'église de Fuveau, au nom
du chapitre de Saint-Victor, un ciboire en argent du
poids d'environ deux marcs. Ce pauvre orfèvre y a
travaillé deux mois, et faute d'ouvriers il ne pourra
le livrer que quelques jours après la date fixée.

Grimaldi, à son tour, qui a vu de ses yeux ce qui
manque à Fuveau, prescrit au vicaire perpétuel Vitalis une résidence plus exacte, et lui ordonne de faire
veiller la lampe du sanctuaire, à peine de 30 sous chaque fois qu'il y manquera.

Quant au secondaire, Vitalis aura soin de le faire
approuver à l'Archevêché et de le garder constamment,
vu l'importance de la paroisse, qui comprenait en ce
moment Saint-Savournin, Gréasque et Belcodène (2).

Le prieur est obligé, par sentence archiépiscopale,
de procurer un joli dôme, du poids de 6 marcs, pour
exposer le Saint-Sacrement, un crucifix de bois peint,
des chappes et chasubles.

Il fera aussi rhabiller la croix d'argent, édifier un
confessionnal, arranger les fonds baptismaux, ainsi que
les portes de l'église et les murailles du cimetière.

(1) Pour le prix sus-indiqué, l'artiste devait encore exécuter
une autre peinture au plafond de l'église de Rousset et un rétable dans la paroisse de Gardanne, prieurés dépendant aussi de
Saint-Victor de Marseille.

(2) Les secondaires étaient, aux xviiᵉ et xviiiᵉ siècles, surtout,
très fréquemment changés à Fuveau où nous voyons passer à ce
poste, outre des prêtres séculiers, des Dominicains, des Augus-
tins, des Minimes, des Carmes, des Observantins...

Enfin, l'église devra être agrandie (1659).

Pour opérer ces dépenses extraordinaires, il fallait, du moins, que les recettes ordinaires fissent leur entrée en temps normal.

Or le brave marchand d'Auriol, Grimoard, ne peut plus maintenant payer Saint-Victor, ni Melchior Marion, de Peynier, sa caution.

François de Simiane Pontevès, grand sénéchal, ordonne de saisir ledit fermier et de le conduire aux prisons d'Aix, pour y être détenu jusqu'à l'entier payement de ses dettes.

Nous sommes en juin 1660.

Le 12 octobre de la même année, à la requête du monastère de Saint-Victor, on procède à l'estime, à Auriol et à Peynier, des biens de Grimoard et de Marion.

Ces malheureux, non-seulement ils cessent leur office de serviteurs du prieur, mais ils sont condamnés, en 1665, eux et leurs héritiers, à se libérer de leur arriéré envers Saint-Victor.

Entre temps, l'économe de Saint-Victor entame des procès à Louis de Puget, seigneur de Fuveau, tandis que Messire de Cypriani, seigneur de Saint-Savournin, se plaint vivement du vicaire perpétuel Jacques Vitalis. Il prétendait que celui-ci ne payait pas régulièrement son secondaire, qui allait au service de Saint-Savournin. Mais quoi d'étonnant à cela, puisque Vitalis n'avait plus de fonds pour ledit service, ainsi qu'il le déclare le 22 juillet 1682 au grand vicaire d'Aix ?

On lui donne satisfaction et le secondaire est content aussi.

Jacques Vitalis mourut le 22 septembre 1685, la même année que Grimaldi, son archevêque, le doyen des cardinaux.

Son acte de décès, que nous donnons au chapitre IV, a été tiré des registres paroissiaux de Fuveau, qu'il avait lui même inaugurés et qu'il tint fort bien durant quarante trois ans.

Etienne Vitalis, neveu et successeur de Jacques, réclame énergiquement à Saint-Victor un logement plus convenable et des amélioration à son église. Decormis, seigneur de Beaurecueil, jurisconsulte et fils de légistes distingués, présenta à Saint-Victor sa consultation sur la construction des *claustrales* et les réparations formulées. Il en résulte que le prieuré devait donner un tiers et la communauté les deux tiers ; mais, dans la suite, les communautés ne fournissaient souvent qu'un tiers (1694 et 1695). Quant aux vicaires perpétuels, ils n'avaient rien à débourser personnellement. — Comme on le voit, c'est un peu la législation moderne dans les grosses réparations ou constructions d'édifices religieux publics. Une chose présente qui ressemble beaucoup au passé, c'est la lenteur et les minuties avec lesquelles on prépare des travaux urgents !

Ainsi donc, en attendant un presbytère qu'il n'aura jamais, Etienne Vitalis, vicaire perpétuel, a fait ouvrir une fenêtre dans son église, sans l'ordre du chapitre. Ce fait froisse d'autant plus les susceptibilités du prieur, qu'Etienne Vitalis n'est pas, lui non plus, *persona grata* à Marseille. Sur le refus de payer les dépenses, le vicaire perpétuel fait expertiser et estimer que ladite fenêtre était absolument nécessaire. Une lettre d'appel vient avertir Vitalis de son manque de soumission ; mais à sa défense, André d'Oraison, conseiller du Roi, son sénéchal de Provence, comprend bien, excuse un défaut de forme et condamne le monastère à payer 94 livres, 16 sous.

Vitalis Baumouille, parent d'Etienne Vitalis, curé de la paroisse de Fuveau, voulait faire nommer un de ses amis, Jean Fouque, d'Aix, comme fermier du prieuré de Fuveau.

L'économe demande des renseignements, et apprenant que « c'est un affidé de Vitalis Baumouille, et qu'il avait été conducteur de son frère », il le refuse et lui préfère Alexandre Trouin, marchand chapelier, d'Aix.

C'est singulier comme Saint-Victor écartait les gens de Fuveau de ses fermes ! A la vérité, nous avons bien rencontré Jean Long, en 1663, qui payait exactement sa rente, mais presque tous les noms de rentiers conservés aux archives sont étrangers.

Ce Trouin, chapelier d'Aix, devait compter à Saint-Victor : « 1204 livres et 12 charges de blé, pour la paroisse de Fuveau, et 60 écus pour Saint-Savournin. Au surplus, chaque année aussi, il avait à laisser 1046 livres, distribuées de la sorte :

300 livres au vicaire perpétuel de Fuveau,
150 livres au secondaire,
75 livres au clerc, par trois mois, a l'avance,
24 livres au prédicateur du carême,
36 livres pour la *raquette* à Noël,
15 livres, pour le cierge pascal,

3oo livres au prêtre de Saint-Savournin, pour la congrue,

146 livres pour les décimes des « *quartierées* » de février et d'octobre.

Enfin ledit Trouin devra entretenir le presbytère, la maison du fermier où sont les greniers, conformément à la déclaration du Roi; il défraiera l'Archevêque, son vicaire général, les députés, les logera honorablement, lorsqu'ils feront visite au prieur, payera la visite à l'*accoutumée*.

Il sera tenu pareillement à défrayer Messieurs les prieurs, les officiers et religieux de l'abbaye, avec les serviteurs et montures, restant au prieuré durant trois jours, et quinze jours, s'il est besoin, pour les affaires.

Il payera les dépenses engagées dans les procès intentés à ceux qui refusent de reconnaître les droits du prieur.

Il entretiendra les ustensiles des caves et en paiera les réparations ; tout cela en bon père de famille.

Pour peste, tempête ou aucun cas fortuit, ledit chapitre ne sera tenu à rien, sinon en cas d'une guerre générale, ou d'un « gast » général qui empêcherait de recueillir les récoltes.

Ledit fermier ne baillera des fonds pour ladite abbaye sans procuration suffisante de l'abbaye ou du chapitre.

Il devra donner deux aubes, deux amicts, deux nappes d'autel, une fois seulement pour l'arrentement, lesquels objets il remettra au chapitre. »

L'enchère fut adjugée à Alexandre Troin, mais Joachim Rey, marchand de blé, à Aix, lui tint caution. Il paraît que les deux artisans d'Aix contentèrent

Saint-Victor, puisque l'arrentement leur fut renouvelé
en 1707, avec quelques petites modifications.

. Claude Rossolin, nouveau curé de Fuveau, désirait,
en s'installant dans sa paroisse, un presbytère convenable. Il est si naturel, à un arrivant, d'aimer à
se loger proprement ! Sa requête tant à la communauté
qu'à l'abbaye de Saint-Victor obtient, avec raison,
quelques améliorations. Au besoin, le zélé et pieux
Archevêque d'Aix les ferait faire d'office, à leur frais.

Mais ce qui caractérisa le passage à Fuveau de ce
digne pasteur, estimé de l'administration diocésaine,
c'est la grosse affaire qui nous est révélée de la sorte
à la fin du registre paroissial de 1710 :

Extrait des registres de l'Officialité d'Aix

« Nous official et vicaire général de Monseigneur de
Vintimille du Luc, des comtes de Marseille, conseiller
du Roi, Archevêque d'Aix, en présence et de l'avis de
Messires de Forbin La Barben, Louis Lautier et de
François Fargues, tous docteurs en théologie et chanoines de la Métropole de Saint-Sauveur, et de Maistre
Pierre Saurin, avocat au Parlement, après avoir vu et
examiné les reproches proposés contre les témoins et
interrogé de nouveau Pierre Vitalis et Paul Baille, le
procès vu et rapporté, ayant égard à la plainte de
Claude Rossolin, vicaire perpétuel de Fuveau et de Paul
Baille, prêtre, secondaire de ladite paroisse, sans nous
arrêter à la plainte dudit Vitalis, portée par la requête
du 26 août dernier, dont nous l'avons débouté :

Avons déclaré ledit Vitalis atteint et convaincu
d'avoir fait de jour et de nuit chanter par des jeunesses,
des domestiques et moissonneurs, tant à la porte de la

maison claustrale qu'autres lieux de Fuveau, une chanson diffamante et injurieuse contre Claude Rossolin et P. Baille, d'avoir repris ceux qui manquaient en chantant ladite chanson, d'avoir fait boire et récompenser ceux qui la chantèrent, d'avoir dit que Rossolin mentait dans les prônes et que tout ce qu'il disait n'était que des faussetés, d'avoir pareillement répandu dans Fuveau que ledit Baille avait été surpris avec une femme mariée du lieu, prenant avec elle des libertés criminelles, d'avoir proféré des injures contre Rossolin et Baille.

Pour réparation de quoi, en ce qui touche Rossolin, avons ordonné que Pierre Vitalis, prêtre, demandera excuse audit Rossolin, l'audience tenant, et, lui dira, en notre présence, celle du promoteur et de deux personnes de Fuveau, telles que ledit Rossolin voudra les choisir, que mal à propos et malicieusement, il a fait chanter ladite chanson, l'a accusé de mentir dans ses prônes et a répandu sur lui des injures dont il se repent, lui en demandant pardon et le priant de les oublier ; qu'il le reconnait pour un bon prêtre sans reproche et non entâché des injures qu'il a semées contre lui ; l'avons condamné à trois livres d'aumône applicables aux pauvres de Fuveau et aux dépens envers Rossolin ; faisons inhibition et défense audit Vitalis de récidiver, lui enjoignons d'être plus circonspect à l'avenir et de porter respect audit Rossolin.

En ce qui regarde la plainte de Paul Baille, avons pareillement déclaré ledit sieur Vitalis atteint et convaincu d'avoir fait chanter la même chanson injurieuse et diffamante contre la réputation dudit Baille, ensemble d'avoir répandu une calomnie contre lui au sujet d'une femme mariée et d'avoir dit audit Baille, et de lui, plusieurs injures. Pour réparation de quoi nous avons ordonné que ledit Vitalis demandera pardon à Baille à notre audience (exactement comme pour Rossolin). Ordonnons aussi qu'il sera laissé à notre greffe un acte authentique, signé de Vitalis, desdites déclarations concernant tant Rossolin que ledit Baille pour y avoir recours en cas de besoin. Enjoignons audit Vitalis d'être plus circonspect à l'avenir, de porter respect aux prêtres qui desservent la paroisse, lui faisant défense de ne plus user de pareilles voies sous plus grande peine. L'avons condamné à aumôner aux pauvres de la paroisse de Fuveau 10 livres, dont il rapportera quittance, aussi bien que des 3 livres ci dessus, des recteurs de la charité du lieu, et à toutes les dépenses du procès, même à celles de la présente sentence... Et pour réparer autant que faire se peut le scandale causé par ledit Vitalis à l'occasion de la diffamation, faisant droit aux conclusions du Promoteur, et ayant égard à la réquisition a nous faite de vive voix, ordonnons que ledit Pierre Vitalis se retirera dans le Séminaire pour y rester pendant six mois consécutifs et s'y renouveler dans l'esprit de son état ; et jusqu'à l'accomplissement desdites réparations demeurera ledit Vitalis interdit de ses fonctions pendant ledit temps de six mois; permettons néanmoins au directeur du Séminaire de lui laisser dire la sainte messe seulement dans l'église du Séminaire huit jours après qu'il y sera entré, s'il le juge à propos.

Avons débouté ledit Vitalis de ses requêtes du 19 sep-

tembre et 30 septembre en subornation de témoins......
Et en cas de refus, dans la suite, des ornements par le
vicaire audit Vitalis, il sera fait une poursuite et défense
contre ledit vicaire ainsi que Vitalis jugera bon. .

Délibéré à Aix, au palais archiépiscopal, le 20 décembre 1710.

L. D. de Combourg, official et vicaire général ».

Ce jugement parut fort sévère à Vitalis. Il en appela;
mais son appel n'étant pas soutenable, il conclut, grâce
à la médiation de Messire d'Hermite, coseigneur de
Fuveau, une transaction. Il paya 618 livres à Claude
Rossolin, et on fit payer le surplus à la jalousie et à
l'humiliation du prêtre qui était d'une des familles les
plus importantes du pays.

L'abbé d'Astros, qui fut secondaire à Fuveau en
1730 et 1731, se plaint d'être mal logé, dans de vieux
appartements noircis, délabrés. Toute la cure, d'ailleurs,
se trouvait hors d'usage, selon l'attestation d'Honoré
Car, devenu curé de Fuveau en 1722. Honneur à ce
prêtre que fut, d'une manière si courageuse et si
dévouée, le collaborateur du vieux curé Rossolin durant
la peste ! Il méritait bien d'être son successeur (1).

La communauté et Saint-Victor écoutèrent favora-
blement la demande du curé et du secondaire et firent
réparer chambres, cabinet de travail, salles basses, portes... — Le clocher et le cimetière de Saint-Michel
furent aussi mis en ordre, et l'édit de 1695 fut appliqué
aux consuls pour une partie des dépenses.

A cette époque « la confrérie du Saint-Sacrement a

(1) Voir chapitre III : la chapelle de Saint-Roch et la peste.

deux petits coins de terre qui peuvent rendre 17 livres.

La confrérie de Saint-Eloi, qui était très nombreuse, demande 12 sous par an à chacun de ses membres.

Les marguilliers de ces confréries sont nommés par ceux qui sortent de charge avec l'approbation du curé.

Quant à l'autel de la sainte Vierge, il a deux filles, et celui de sainte Anne une veuve qui ont soin de les orner (1).

Il y a environ 800 communiants qui satisfont au devoir pascal.

Les cabarets sont ouverts toute la nuit pendant les dimanches et les fêtes, et c'est la cause souvent de bien des querelles.

Il y a un maître d'école (2) ».

Rippert remplaça Car en 1741, et en 1742, Malherbe devient curé de Fuveau.

Nous lisons en 1744 un curieux « état », dans lequel sont décrites les terres dites « novales ».

Le curé Joseph Malherbe prétend avoir la dîme sur ces terres de nouveau cultivées.

Presque chaque quartier du cadastre est nommé. Les propriétaires le plus souvent cités sont: Barthélemy, Bonnefoy, Blanc, Vitalis, Etienne, Long, Suzanne, Depoisier, Richaud...

---

(1)« Le 26 octobre 1733, a été inhumée Marie Barthélemy, femme de Etienne Lyon, décédée le 25 dudit, accompagnée des prieuresses de Notre-Dame, comme bienfaitrice de la confrérie. » Et. c. — F.

(2) Document manuscrit de la Méjanes, R. A. 1040.

Un *rôle* supplémentaire est adressé à Saint-Victor sur ces terres récemment défrichées.

Cette fois, une convention est passée entre le chapitre et Monsieur Malherbe. Elle fixe à 40 livres la pension des « novales », qui sera payée à Notre-Dame, sans augmentation, ni diminution (12 juillet 1746).

Le 29 mai 1748, A. Constantin, curé de Fuveau, conclut un accord avec le chapitre, pour le prix de 40 francs assigné aux « novales ».

En 1750 Antoine Rougon est curé de Fuveau. « Pour prévenir les contestations entre lui et Saint-Victor, il fait un abonnement de quatre charges de blé, annuellement, pour les novales (1752). »

Ainsi, grâce aux Archevêques, aux progrès des temps, à la continuité intelligente des réclamations, le traitement des curés augmente, et le sort des humbles prêtres de paroisse, trop longtemps méconnu, devient plus stable, plus décent

La cave du prieuré se remonte également, et Chaillan tonnelier, à Gardanne, reçoit une commande de six tonneaux pour la ferme prieurale de Fuveau (24 mai 1746).

A la sacristie, l'inventaire du 28 juin 1748 nous montre les objets suivants :

Deux calices et leurs patènes, dont un est marqué aux armoiries du chapitre.

Deux ciboires, un soleil d'argent, plusieurs chandeliers d'argent, une croix de laiton fort ancienne.

Une fontaine de cuivre.

Un bénitier, un bassin de cuivre.

Un grand nombre de chasubles et chapes, noires, violettes, blanches, rouges.

Des aubes, du linge.....

Antoine de Brancas, Archevêque d'Aix, fait une visite à la paroisse de Fuveau le 22 juin 1753.

« Ouï, le curé, dit-il dans son rapport, les consuls et notables du lieu, voulant pourvoir au service divin d'une manière convenable ainsi qu'aux besoins des ministres de Dieu, tout considéré, avons ordonné : qu'il sera fait des ornements, trois chasubles d'étoffe de soie, que le rétable du maître-autel sera réparé, son marchepied élargi... qu'il sera mis une peau au-dessus du couvercle des fonts-baptismaux, et au-dessus une image représentant le baptême de Notre-Seigneur par saint Jean... que la cloche — cassée — sera refaite...

Que l'église sera considérablement agrandie..... qu'il sera mis un rideau à chaque fenêtre du sanctuaire, et que tous les bancs, excepté ceux du seigneur, des consuls et des officiers de service, seront mis hors de l'église. Tout cela dans *l'espace de six mois.*

Enfin enjoignons aux parents d'être assidus aux instructions et d'y conduire leurs enfants..... »

On attendit la cloche, non pas six mois, mais 14 ans !

« Le 13 août 1767, dans l'église de Fuveau, selon le pouvoir à nous accordé par Monseigneur l'Archevêque, a été consacrée au nom de la Sainte-Trinité et en l'honneur de saint Joseph, par nous, prêtre, soussigné, la cloche placée à la fenêtre du côté du levant de la tour du clocher de ladite paroisse. Le parrain a été J.-B.

Jourdan, consul, et la marraine Jeanne Vitalis, qui ont déclaré ne savoir signer.

NÉGREL, prêtre (1) ».

Une remarque à faire dans toutes les paroisses du val de Trets, vers la fin du XVIIIe siècle, c'est l'accord à peu près complet qui règne entre Saint-Victor, le curé, la mairie et même les fermiers de la dîme

La correspondance de l'époque, en ce qui concerne Fuveau, prouve formellement cette observation.

Voici quelques lettres :

« L'année 1763, Joseph Long, fermier de la dîme de Fuveau, se plaint des habitants qui ne veulent payer la dîme des légumes. Comme le fermier précédent ne demandait rien aux paysans, à ce sujet, Long réclame une transaction authentique afin qu'il sache bien ce qu'il faut faire ».

Saint-Victor est accommodant pour tous.

Fuveau, 18 mai 1768.

Messieurs de Saint-Victor,

La communauté avait fait ouvrir sans me consulter une tribune dans le sanctuaire, très indécente et très irrégulière.

Cette tribune n'a pas été fréquentée jusqu'à présent, parce que je l'ai empêché, mais la communauté presse qu'elle le soit. Or, pour l'éviter et épargner au chapitre le désagrément de la faire boucher à ses dépens (ce qui ne manquerait pas d'arriver ou sur des plaintes portées

(1) Etat-civil de Fuveau.

à Monseigneur ou lors d'une visite pastorale) le chapitre devra faire porter par acte de boucher cette tribune donnant dans tout le sanctuaire. Elle pourrait, d'ailleurs, affaiblir le corps de bâtisse.

Comme l'Abbé de Saint-Victor s'aperçut de l'indécence de cette tribune, dites-le dans votre observation là-dessus, afin de lever tout soupçon sur mon compte.

Vous savez qu'on a toujours bien des ménagements à garder dans les choses même les plus en règle avec le peuple, surtout un peuple peu docile, mené par des gens qui ne le sont pas eux-mêmes. On m'accuserait de sacrifier la communauté au chapitre, ce qui n'est pas.

Veuillez me pardonner, et me faire l'honneur de me croire avec respect,

Votre très humble serviteur.

ROUGON, curé. »

Après Rougon décédé le 11 avril 1780 (1) arrive Coulomb.

Le 10 janvier 1785, Coulomb, curé de Fuveau, écrit au chapitre que, d'après sentence de visite archiépiscopale, une nouvelle chaire est à construire. Son escalier, d'après le plan, doit prendre dans le sanctuaire. Il demande donc humblement la permisission de la mettre au lieu désigné.

En même temps, ajoute le curé, j'emploie, selon vos intentions, votre secours pour les pauvres de ce lieu que la médiocrité de la dernière récolte, la cherté des

(1) C'est Perrache secondaire, ami intime de l'avocat Verdet, conseil de Fuveau, qui enterre le bon curé Rougon.

denrées, les grandes pluies qui ne permettent pas de travailler, ont rendu dans la dernière misère. »

Le maire de Fuveau, Dépousier, remercie Saint-Victor, en même temps que le curé.

Le 1ᵉʳ janvier et le 15 novembre 1786, c'est encore le curé, suivi du maire Long, qui viennent implorer la charité du chapitre pour « la quantité de citoyens du village plongés dans la misère ... éprouvés par la gelée et les orages...

Saint-Victor donne largement des aumônes, et les consuls, conjointement avec M. Coulomb, remercient chaleureusement le 28 novembre de la même année.

Décidément, nous sommes loin du temps des curés Vitalis sur qui Saint-Victor jetait, peut-être à tort, tant de défiance !

Coulomb fait exécuter n'importe quelles réparations. Il paye lui-même, puis écrit au chapitre, et le fermier lui rembourse son argent.

« Il y a quelque temps, M. l'Abbé, écrit le curé à Marseille, le 11 octobre 1787, je vous ait fait envoyer une croix pour la faire rhabiller en ville, car nous n'avons ici aucun ouvrier bien apte.

Donnez des ordres de me la renvoyer toute prête, puisque nous sommes obligés d'emprunter celle de la chapelle des Pénitents, et les emprunts sont toujours onéreux. »

Voici la dernière lettre du curé adressée à Saint-Victor, contresignée du maire Vitalis :

Fuveau, 1ᵉʳ janvier 1789.

« La gelée et la neige qui inondent nos campagnes depuis quinze jours, et qui redoublent à l'instant, obligent les pauvres habitants à rester chez eux sans secours.

Nos ressources sont épuisées et nous n'en attendons plus que de votre charité.

La bonne volonté des habitants à cultiver les terres, l'attachement qu'ils ont personnellement pour votre chapitre, nous font espérer que vous voudrez bien nous venir en aide ». Saint-Victor répondit avec sa générosité ordinaire dans le malheur.

La communauté, satisfaite alors, délibère et obtient de Saint-Victor, en cette année 1789, l'établissement d'une prédication de carême à Fuveau, ainsi que nous le verrons mieux à la première page du chapitre sur la Révolution.

CHAPITRE III

Les chapelles de Fuveau. — Saint-Michel. — Saint-Jean-de-Mélissanne. — Les Pénitents — Notre-Dame de Nazareth. — Saint-Roch. — Annexes de Gréasque et de Belcodène. — Le couvent et le quartier du couvent. — Ordres religieux.

Le quartier, le monticule et la chapelle de Saint-Michel sont pleins de souvenirs :

Des gallo-romains y ont vécu, y sont morts, y ont été ensevelis (1).

Après eux, des chrétiens ont pris leur place et, sous la direction des moines de saint Benoît, ont construit des demeures, ainsi qu'un sanctuaire dédié à l'Archange Michel, dont la dévotion fut très populaire en Orient, en Italie, en France, dès les premiers siècles (2)

Ce sanctuaire, cette église de Saint-Michel existait certainement longtemps avant l'an mil, mais en l'état

(1) Conf. chapitre I, pages 5 et 7.
(2) Les Papes firent d'abord bâtir à Rome plusieurs églises en l'honneur de saint Michel, et après l'Apparition du Mont Gargan, en 492, le culte dudit Archange prit partout une merveilleuse diffusion.

actuel des documents, nous ne pouvons préciser la date de sa construction. Au onzième siècle elle était déjà ancienne, comme les chartes de Saint-Victor, citées ailleurs (1), nous le démontrent.

Depuis, la vénération dont on la couvrait a provoqué, plusieurs fois, des réparations importantes, et malgré des remaniements successifs, elle est encore intéressante à étudier avec son orientation, ses fenêtres, son abside....

Par testament du 26 août 1381 « noble Bertroge (?), fils de noble Pierre Gaufridi, coseigneur de Fuveau, faisait legs au luminaire de Notre-Dame, de sainte Catherine et *Saint-Michel* de Fuveau... (2) »

Nous continuons à avoir des mentions de Saint-Michel aux XIV° et XV° siècles.

Le luminaire du *Corpus Domini* possédait une terre, tout près de ladite chapelle. Un acte du 20 janvier 1474 nous parle d'une cense de deux livres de cire ; et l'année 1500 nous tenons un baïl par le prieur de Fuveau d'un affard de 50 éminades autour de l'église Saint-Michel, obvenu par droit de commis, à la cense de 4 émines de blé (3).

Sous l'administration du cardinal Grimaldi beaucoup de monuments religieux, que les guerres de parti et de religion avaient ruinés, ou qui durent être négligés, abandonnés, à cette triste époque de dissolution générale, furent remis à neuf par ses ordonnances.

(1) Chapitre I, page 10, etc. — Le château d'Arlulfe, à Trets : *Recherches*, p. 58, etc.

(2) Not. Joseph Darbèz à Aix.

(3) Not. Jean Colla, Aix.

Dans la vallée de l'Arc, les ermitages furent à peu près tous restaurés, et pourvus d'ermites, approuvés par l'Ordinaire. A l'instar de Saint-Michel de Trets, de Saint-Jean-du-Puy, à Trets, de Saint-Serf de Puyloubier, Saint-Michel de Fuveau fut complètement réparé en 1677 (3). Un ermite fut préposé à sa garde. Il s'appellait Tardieu, puis vint frère Michel Vitalis, qui signe souvent des actes paroissiaux, en 1707, 1708 avec Barnabé Reynaud, grand clerc, en 1731, frère Pierre Aymard, enfin en 1744, frère M. Pin.

Aux années 1738, 1739, 1740, etc. c'est frère Joseph Bert, ermite, qui, ami intime du clergé de Fuveau, est presque toujours présent aux cérémonies de l'Eglise. Il accompagne aussi à Gréasque les prêtres de Fuveau qui desservent encore cette localité.

Les paroissiens de Fuveau ont toujours eu une particulière estime pour Saint-Michel. Le curé Car écrivait à la fin de l'année 1722 « que ce lieu avait été préservé de la peste par la grâce de Dieu et le secours de l'Archange Saint-Michel, son patron ».

Ce qui rend encore plus chère cette station de Saint-Michel, c'est son cimetière. Durant des siècles on y a enterré les défunts du pays : les prêtres, les gens de marque, les seigneurs, dans la chapelle ; les autres, autour de ses murs. On sent, en arrivant dans ce lieu saint, en y célébrant la messe, en faisant le tour de ce coin de terre mélancolique, un je ne sais quoi de pénétrant, de mystérieux qui vous envahit, vous tient en silence, vous porte aux réflexions sérieuses.

(3) Arch. comm. — Masse, entrepreneur-maçon et Jacques Vitalis, curé.

Un acte du 3o novembre 1742 nous informe que le cimetière de Saint-Michel venait d'être interdit par Monseigneur de Brancas, et les archives locales nous apprennent que peu à près l'on enterra les morts tout près de l'enceinte du pays, au lieu appelé aujourd'hui la place neuve.

Saint-Michel reste, à cette heure, plus solitaire que jamais. Souhaitons la conservation du monument, le respect des antiquités qui s'y rattachent et même la résurrection des pieux usages qui environnaient sa fête si solennellement célébrée !

Saint Jean-Baptiste (1) appelé saint Jean le moissonneur par les populations rurales, est le saint qui avait le plus de dévôts dans la vallée de Trets. Presque toutes les paroisses possédaient une chapelle dédiée en son nom. Outre son illustre titre de Précurseur, Saint-Jean-Baptiste a sa fête au moment des moissons. Cela paraît aussi expliquer son importance considérable dans ces régions réputées des meilleures pour la production du blé

Les Templiers tenaient une terre au quartier de Saint-Jean-de-Mélissanne, terre qui passa aux Hospitaliers après le Concile de Vienne (1312).

Ces religieux ayant le don d'attirer les défunts autour de leurs églises (2), on comprend aisément que les fidèles de cette partie de la vallée de l'Arc se fissent en foule enterrer à Saint-Jean-de-Mélissanne (3).

(1) Voir chapitre I, p. 4.
(2) Saint-Martin de Vidoles, par l'abbé Chaillan, page 13.
(3) Numa Coste, dans le *Sémaphore* du 14 octobre 1899.

En 1402 ledit sanctuaire est fort fréquenté, et le chemin qui conduit à Saint-Jean se trouve désigné dans un acte d'alors (1) comme un des plus connus.

Le 30 janvier 1403, il y eut une reconnaissance en faveur du prieur de Saint-Jean-de-Mélissanne, terroir de Fuveau, passée chez Jean des Tours à Aix.

Le notaire Darbès (ou Darbèz), à Aix aussi, gardait, de son temps, une autre reconnaissance de la même année, en faveur du même prieur.

Du 10 août 1404, le formulaire de Borrilli nous montre une transaction entre ledit prieur et Trets, sur la dîme.

Les minutes du notaire Fulconis Roubaud, de Fuveau, contenaient, le 20 décembre 1406, un inventaire des biens considérables du prieuré de Saint-Jean-de-Mélissanne, terroir de Fuveau.

En 1424, le 26 décembre, et en 1463, nous avons des reconnaissances et des ventes au prieuré et au plan de Saint-Jean-de-Mélissanne.

L'Archevêque d'Aix, Olivier de Pennart, s'occupe de Saint-Jean-de-Mélissanne en 1469 et fait la collation de ce prieuré.

Chez Jean-François Colla, notaire à Aix, par ledit Archevêque d'Aix, autre collation du même prieuré, en 1471.

Le 14 février 1491, un nouveau bail est conclu entre Messire Jean de Grangier, prieur du prieuré de Saint Jean-de-Mélissanne et Elzéar Rodulfe, seigneur de Fuveau (2).

(1) Archives municipales.
(2) Archives municipales.

Un registre manuscrit de 1498, appartenant à M. Numa Coste, mentionne le prieuré de Saint-Jean-de-Mélissanne parmi les églises qui doivent payer une taxe au synode, ladite année.

Aux XVIe et XVIIe siècles il est constamment question, dans les actes municipaux de Fuveau, de la chapelle de Saint-Jean et de la terre du prieuré de Saint-Jean (1).

Enfin dans un volume manuscrit de la bibliothèque Méjanes d'Aix (nᵒ 1048) il est dit au sujet d'une relation ecclésiastique dans la paroisse de Fuveau vers l'année 1730 « *Saint-Jean-de-Mélissanne* : Le sieur Massie, prêtre, résidant à Aix, est prieur de Saint-Jean-de-Mélissanne. Il est obligé à dire la messe dans son prieuré tous les dimanches et fêtes, depuis la Croix de mai jusqu'à celle de septembre. Il n'en fait rien cependant, et dit que c'est parce que son prieuré n'a presque plus de revenu. Il était affermé, il y a quelques années, six charges de blé. On ne peut guère savoir à présent ce qu'il rend parce qu'il fait valoir la terre par lui-même

L'abbé de Cosnac, par sa sentence de visite, l'a obligé à faire quelques réparations dans la chapelle de ce prieuré, mais cette sentence a été sans exécution pour les principaux articles. »

Le 7 mai 1715, fut célébré dans la chapelle de Saint-Jean-de-Mélissanne, toutes formalités observées, le mariage d'Antoine Reynaud avec Jeanne Décomis.

Le curé Rossolin qui bénit le mariage était l'ami

(1) Cf. notamment un acte communal de 1646.

intime de ces bons paroissiens qui habitaient des fermes de la vallée.

Un autre événement se passa audit Saint-Jean, le 8 septembre 1730. « Par ordonnance du baille de Fuveau, un certain, âgé de 14 à 18 ans, fut enseveli derrière la chapelle, du côté de l'autel, qui est au levant, ayant été trouvé mort dans la rivière de l'Arc, le 6 du présent mois, dont le nom nous est resté inconnu. »

Ce fut Reymonenq, prêtre, secondaire de Fuveau, qui fit la cérémonie.

La Révolution a passé enlevant les quelques revenus de cette antique église.

Elle est encore debout, et on va y dire la messe le dimanche qui suit le 24 juin.

Que les habitants de Fuveau, et surtout que les cultivateurs de ces quartiers respectent tous les souvenirs attachés à ce modeste édicule, plein d'antiquités et de religion !

Gardanne et Trets avaient leurs confréries de Pénitents (1). Il était bien difficile que la paroisse de Fuveau, placée entre ces deux localités, ne fut entraînée à faire une pareille création, surtout avec un curé remuant comme Jacques Vitalis.

Un registre curial du XIXe siècle veut que *les Pénitents-Blancs de Fuveau aient été fondés en* 1648. Cela est très admissible, mais ce qui est discutable c'est qu'à cette époque même ait été construite la chapelle

_____

(1) Les deux confréries religieuses de Gardanne et de Trets marchaient très bien au commencement du xviie siècle, et leurs membres dévoués se réunissaient régulièrement dans leurs chapelles respectives déjà construites.

desdits Pénitents. Nous tenons, en effet, « du 12 avril 1660, une permission originale octroyée par les coseigneurs de Fuveau pour la bâtisse d'une chapelle dans ledit lieu en faveur des Pénitents-Blancs, au choix de M. de Fuveau-Puget (1). »

Cette chapelle fut édifiée dans la rue de l'église, près de la cure, sur l'emplacement d'un casal appartenant aux Puget et loué précédemment à M. de Flotte, prêtre de Roquevaire.

Les Puget, dames et messieurs, sont les protecteurs de la confrérie; et si par leurs bienfaits ils coopèrent à l'érection, à l'ornementation du monument, ils recrutent des membres par la vertu de leur influence. Aussi à la mort de Louis Puget. arrivée en 1680, les Pénitents font éclater leur reconnaissance en lui faisant des funérailles magnifiques. Ils auraient voulu l'ensevelir dans leur chapelle, mais aucune tombe n'avait été préparée.

Peu avant le décès dudit seigneur, la confrérie, déjà florissante, avait jugé à propos de paraître en corps aux cérémonies des enterrements. C'était, d'abord, les membres, puis les amis, les bienfaiteurs qui réclamèrent les prières, les bons offices religieux de ces hommes fidèles à leur règlement de pénitence.

Nous les voyons avec édification, en 1677, en 1678, en 1679, aux enterrements de Jacques Bernard, d'Etienne Barthélemy, de Guillaume Barthélemy, de Guillaume Vitalis. Ce dernier avait été leur prieur ou recteur durant quelque temps. Aux élections

(1) Archives hospitalières de la famille d'Hupays.

de 1698, c'est Jacques Benoît qui est élu prieur, puis réélu en 1703. Nous trouvons prieur en 1699, Jérôme Barthélemy, en 1705, Claude Blanc, en 1706, Joseph Décomy (avec Jean Constant, sous prieur), en 1708, Jean Fouque, en 1717, le même (avec Claude Bonnefoy, sous prieur), en 1718, Antoine Rey, en 1742, Joseph Bonnefoy, etc.....

Le 11 septembre 1706 « on ensevelit pour la première fois à la tombe des Pénitents Toussaint Barthélemy, âgé d'environ 66 ans, membre de la confrérie ».

Près de la tombe des confrères on creuse les tombes des bienfaiteurs qui, avec empressement, demandent a y être déposés après leur mort.

Anne Blanc y est mise en 1712, et d'autres femmes ou enfants de tout âge la suivent en grand nombre.

Claude Rossolin, après Etienne et Jacques Vitalis, est très dévoué aux Pénitents. Curé de Fuveau, comme eux, il se fait recevoir de la compagnie et assiste aux chants de ses offices.

Pierre Vitalis, prêtre, fils d'Henri Vitalis, notaire, est aussi confrère de la *gazette*, et presque tous les membres de sa répandue et influente famille agissent comme lui.

C'est le moment de l'apogée des Pénitents de Fuveau!

Ils font refaire par Barthélemy la façade— très artistique — de leur chapelle, en 1723.

Le vicaire général de l'Archevêque d'Aix les visitent en 1730, et « trouve tout en règle ». Il est réjoui de voir, sur le catalogue, les noms de tant de travailleurs à côté des noms des seigneurs et des prêtres.

Claude de Faudran, coseigneur, en 1742, Etienne Vitalis, coseigneur, en 1753, Bernardin d'Hupays, en 1771, se font ensevelir à la chapelle des Pénitents.....

Mais, aux années 1742 et 1743, le cimetière de Saint-Michel étant en interdiction, il fallut, pour éviter de porter les morts à Belcodène ou à Gréasque, ensevelir presque tous les défunts du pays aux tombes de la chapelle des Pénitents (1).

Les savonniers de Marseille, les charbonniers, les ménagers du lieu, sont les plus dévôts de la confrérie après 1750 ; et, si en leur vivant, ils viennent prier dans leur chapelle, après leur mort ils ne manquent pas d'y être apportés à peu près jusqu'à la Révolution.

Les femmes, d'ailleurs, savent exciter les hommes dans cette dévotion, et en quantité continuent, comme Rose Barthélemy « morte en 1763 au moment où elle mettait au monde son enfant » à réclamer une place dans les tombes des Pénitents.

L'an 1790, dans la chapelle des Pénitents, 89 citoyens assemblés demandent l'annulation des enchères de la boucherie, votent la liberté des ventes de la viande, et ne veulent plus d'un seul boucher à Fuveau.

Souvent les clubistes, et quelquefois le conseil municipal se réunissent à ladite chapelle, durant la Révolution. Le 3 germinal, an VI, les citoyens de Fuveau y procèdent à la nomination de *l'agent municipal* et y élisent Jean Louis Long.....

___

(1) Nous avons pu relever, sur l'Etat-civil, 234 noms de défunts déposés auprès de l'autel de cette chapelle. Ces mêmes noms figuraient, d'ailleurs, sur une liste qui, nous affirme-t-on, a été détruite il y a quelques mois, par les démolisseurs dudit monument.

Par délibération du 14 janvier 1809, la chapelle des Pénitents devient boucherie publique, plus tard elle est louée à un tonnelier.

Vers 1818, les Pénitents se reconstituent, et l'office y est de nouveau chanté dans leur chapelle, mais avec beaucoup moins d'éclat que dans les siècles disparus.

Jusqu'à ces derniers temps il y a eu quelques frères Pénitents bien zélés. Aujourd'hui il n'y a plus même de chapelle....

« En 1730 il y avait, hors du village, à une promenade, une chapelle dédiée à la sainte Vierge. Il s'y trouvait quelques fondations C'est le prieuré de Notre-Dame-de-Nazareth, appelé Notre-Dame de Piété (1). Le sieur de Peysonnel, fils d'un des seigneurs du lieu est le recteur de cette chapellenie. Il a demandé que le sieur Félix, curé de Saint-Savournin, en fut pourvu. Le rendement est de six écus, somme bien faible, mais par ailleurs, le titulaire n'est tenu à aucun service (2)».

Cette chapelle était située vers l'emplacement de la mairie actuelle, et ce quartier porte encore le nom de faubourg de Nazareth. Elle n'eut jamais guère d'importance. Bâtie sur le chemin du Tuve et de Saint-Michel, dans un endroit alors inhabité, elle était comme une sorte de hâlte entre les remparts et le cimetière. Les gens de Fuveau se dirigeaient fréquemment vers ce lieu et sur ce vieux chemin d'Auriol si bien fait pour les promenades tranquilles, ensoleillées.

(1) Ce nom a été donné aussi à une chapelle renfermée dans l'église paroissiale ; et la chapelle des Pénitents s'appelait *Notre-Dame de Pitié*, s'il n'y a pas erreur de texte.

(2) Aix. — Bibliothèque Mejanes, Ms. 1048.

Notre-Dame de Nazareth n'existait plus, à la fin du XVIIIe siècle (1). et le 18 pluviôse, an X, le conseil municipal « délibéra de faire planter des arbres le long du chemin jusqu'à la *ci-devant* chapelle ».

Le curé Rossolin avait 80 ans lorsque éclatat la peste de Marseille. Il se dévoua à ses paroissiens de Fuveau en 1720 et 1721, leur donna les meil'eurs conseils d'hygiène et surtout les consacra à saint Roch. Brisé par l'âge et la maladie il dut rester un an sans rien faire, et s'éteignit le 30 mars 1722. Il fut ensevelit le 31 dans le cimetière de Saint-Michel, au devant de la porte de la chapelle, suivant sa volonté, âgé de 82 ans et accompagné des plus apparents du lieu, consuls et seigneurs, de Monsieur de Saint-Savournin, du F. Léandre, Augustin déchaussé, de Car, vicaire.... .

« La dévotion des fidèles au glorieux saint Roch, ajoute l'acte que nous copions, aida à préserver les habitants de la contagion ». Aussi en souvenir de ce fait fut érigée la chapelle de saint Roch avec son inscription, la peinture du saint et le portrait des membres de la famille Jourdan.

Honorat Jourdan, consul s'employa, en effet, de son mieux à réaliser les aumônes nécessaires pour ladite action, comme le prouve l'ex-voto de ladite chapelle.

Le soir de l'Assomption, veille de saint Roch, on va chanter le *Salve Regina* dans la mint seule chapelle, et le lendemain on y célèbre la messe. Dans le pays on célèbre de grandes réjouissances en ce jour-là, et de

___

(1) H. Coulomb troubla le culte, en 1701. dans la chapelle de Nazareth, fut traduit en justice et condamné. — Arch. com.

tous côtés on se rend à la fête civile qui revêt un éclat exceptionnel.

Appartenaient aussi à la paroisse de Fuveau les annexes de Gréasque et de Belcodène (1). Celle-là devint paroisse indépendante en 1775, mais celle-ci resta de Fuveau jusqu'à la Révolution, comme il conste par l'Etat-civil. Et à propos de Belcodène, il faut noter que les conventions de 1295 (2) n'existaient certainement plus entre Aix et Marseille, sous le cardinal Grimaldi, comme, à tort, on l'a prétendu. J. Vitalis et ses successeurs administrent avec suite la chapelle de Belcodène, et nous lisons dans l'*Etat-civil de Fuveau*, l'inscription des actes de ladite annexe sans interruption durant des vingt-cinq ans et des soixante ans.....

Cela n'empêchait pas Gréasque et Belcodène d'avoir un prêtre ou un religieux étranger, le dimanche, mais la charge et le rôle de pasteur était assigné à Fuveau. Aussi, voyons-nous ce dernier aller jusqu'au château de la Pomme administrer des malades, et ensuite enterrer les morts dans le cimetière de Belcodène.

Disons enfin que l'Etat-civil de Gréasque, jusqu'en 1775, et celui de Belcodène jusqu'à la Révolution se trouvent mêlés à celui de Fuveau, autrefois paroisse unique.

Le couvent, le quartier du couvent, la rue du cou-

(1) Ces deux localités formant aujourd'hui paroisses et communes indépendantes, nous n'avons nullement l'intention de les comprendre dans cette Etude.

(2) Belcodène étant sur la limite des diocèses d'Aix et de Marseille devait alternativement appartenir un an à l'un, un an à l'autre.

vent sont bien connus des gens de Fuveau, mais pas plus qu'eux nous ne savons l'origine exacte de ces dénominations. Y a-t-il eu là, autrefois, un vrai couvent ?..

Les documents municipaux nous apprennent que le couvent appartenait à la communauté de sainte Claire, de Marseille. Ils nous renseignent sur les démêlés des consuls avec ces dames en 1651, et les transactions qui suivirent en 1652 et 1660.

En 1670 il avait été question de vendre à la commune la maison du couvent, aux prix de 822 livres, 15 sous, 6 deniers.

Le 5 avril 1672, la municipalité arrente ladite maison du couvent, et comme en 1692 elle était en retard pour son payement, elle « obtient un sursis pour les dettes contractées envers l'économe des sœurs de sainte Claire ».

En 1700 nous avons une requête pour un nouveau sursis. ...

Finalement le couvent se vendit. Nous y trouvons aujourd'hui des propriétaires qui appellent toujours couvent leur vieille et respectable maison où ont été installées jadis mairie (1) et école.

Rappelons, en terminant cette partie se référant aux choses religieuses du pays, que les Pères Minimes, les Pères de l'Oratoire, les Pères Dominicains ont eu des propriétés à Fuveau. En font foi les quittances trouvées au dépôt d'archives communales.

(1) Arch. com. — Vitalis, notaire, 28 juillet 1704, etc.

CHAPITRE IV

Les seigneurs de Fuveau : De Puget — d'Hupays — de Rodulfe — de Durand — de Vitalis — de Faudran — de Régis — de Peyssonnel — de Foresta — de Mathieu — de Guérin — de Boutassy — de Montaulieu — d'Hermitte — de Cabre — de Thomassin — de Séguiran — Long — Etienne Barthélemy — .... Forains et noms des quartiers ruraux....

Nous avons, d'abord, à signaler, en 1369, la présence d'une tour féodale à la fontaine de l'Orme, quartier actuel de la Grand'Bastide. La famille de Puget en devint propriétaire ainsi que des biens obtenus à Fuveau, le 25 mars 1348, par Raymond d'Agout (1).

(1) Les archives des Puget font remonter leurs prédécesseurs nobles sur les terres et juridictions qu'ils acquirent à Fuveau, jusqu'au temps de Charles II, comte de Provence. C'est ce que prouve une transaction du 13 janvier 1302 où sont nommés Fouquet, Pierre Raymond et Pierre de la Tour, chevalier, et Guibert de Marseille, damoiseau, et autres coseigneurs de Fuveau

— Une autre transaction de 1363 (M. Augier, notaire à Aix), passée entre Jean de Grossis, Hugues et Bertrand de Roque ou

Jacques de Puget était déjà seigneur de Fuveau au commencement du XV° siècle. Son fils aîné, Raymond de Puget, fut homme de lettres, maître rational et conseiller du roi René. Seigneur de Fuveau, comme son père, il épousa, le 9 janvier 1448, Pierrette de Martin, fille de Jean de Martin, seigneur de Puyloubier, chancelier dudit roi (1). Le 20 juillet 1463, et le 9 juillet 1466, il fit hommage à la Cour de ses terres de Fuveau. Déjà, le 3 juillet 1464, il avait acquis de Jean de Bonassio une nouvelle portion de la seigneurie de Fuveau.

Hugues de Puget hérita, par testament, de son père Raymond; et par ce moyen se trouva seigneur de Fuveau. Il se maria avec Antoinette de Guiran de laquelle il eut Jacques, Etienne et Jean de Puget. Avant de mourir, il avait considérablement augmenté son domaine. « Jacques, seigneur de Fuveau, fit faire le treillis de fer qui formait la cloison de la chapelle des Puget, fondée par Raymond Puget, dans l'église de Saint-Sauveur d'Aix et il y mit cette inscription sur tout le long du fer : *Hoc opus fecit fieri Jacobus Pugeti condominus de Afuvillo, anno 1531* ».

Ce Jacques Puget fut consul d'Aix en 1509. Il avait

Rocca, Jacques de Greolières (?), coseigneurs de Fuveau, porte que, moyennant 80 florins d'or, ledit Jean de Grossis, ou de Gros. fera le voyage de Naples pour obtenir des lettres patentes de Sa Majesté dont on les avait injustement dépossédés....

— Reforciat de Petra, Baude, coseigneurs de Fuveau, sont aussi cités, dans le même but, en 1474. — Des actes des notaires de Trets, du 13 mars 1472, 8 juin 1485, 24 mars 1495, etc., donnent audit Petra des droits et des biens importants à Fuveau.

— Pailheiret, notaire à Trets, passe, du 28 au 30 avril 1516, sept reconnaissances en faveur de Petra, coseigneur de Fuveau, par les Flotte et les Caudier de Fuveau, etc., etc. — Tout cela revient a .x Puget.

(1) Archives communales de Fuveau.

vu dans cette charge suprême d'une cité combien il faut administrer avec sagesse et condescendance pour satisfaire l'intérêt général et rendre justice à tous. Aussi, lorsque, en 1514, les chefs de famille de Fuveau lui demandent un arrangement au sujet du four féodal situé près de la rue de Nice, il sait, quoique avec lenteur, écouter les plaintes touchantes des ouvriers et du peuple de Fuveau, et leur accorder un bail moins onéreux (1).

Jacques de Puget eut pour fils Etienne et Louis de Puget. Comme ses prédécesseurs, il élargit immensément sa seigneurie par des achats à Jean Roquefeuil, en 1506, au quartier de Papessole, etc., et au surplus il a la chance de recevoir, de sa cousine Honorée Arpille, un bel héritage de terres aux environs de son château (2).

Jean et Antoine fils d'Etienne de Puget font un acte de partage, en 1610 (3), et Louis de Puget, leur oncle, tient en ce XVIIᵉ siècle un rang important parmi les coseigneurs du pays. Il mourut le 4 mai 1680 et fut enterré « dans une petite chapelle qui est au côté droit du maître autel, accompagné des Pénitents ».

Cette branche disparaît alors de Fuveau. Elle avait

(1) Archives communales de Fuveau.
(2) Sac coté A. — Archives des Puget, transmises à la famille d'Hupays, en son château. — Les documents y sont tellement abondants qu'on laisse avec peine une pareille source, sans l'utiliser davantage. Quant au nombre étonnant (plusieurs centaines) de reconnaissances et investitures se référant aux Puget des XVᵉ et XVIᵉ siècles surtout, il démontre jusqu'à l'évidence quelle grande place occupaient et quelle prédominante importance avaient ces châtelains, soit dans l'intérieur du village, soit dans la campagne. — Qu'il serait à souhaiter qu'on publiât, comme on l'a fait pour des cas pareils, le Registre desdites reconnaissances et investitures !
(3) Sac coté B, idem.

donné un Président, un conseiller au Parlement, des assesseurs et des consuls à la ville d'Aix, etc. (1). Alliée aux grandes familles provençales, elle amena ou retint quelque temps à Fuveau, par des partages, des mariages et des achats, qu'il serait déplacé de citer au long et en détail, dans une étude communale, les Thomassin, Président de Saint-Paul, les Vitalis, les Castillon, les Roccas...

Le château et le quartier de Puget existent encore. Restauré par les d'Hupays, ses propriétaires (2), le château a bonne apparence, avec son cadre de verdure de pins, sur l'ouest, et la rivière de l'Arc, à ses pieds, vers le septentrion.

— D'Hupays, château et village se trouvent près Sisteron. C'est de Guillaume, comte de Provence, que le seigneur du lieu tenait ce fief qui a donné son nom à une famille célèbre dans l'armée et la magistrature.

Les d'Hupais, ou d'Hupays, comme on semble l'écrire de préférence aujourd'hui, s'établirent dans les environs de Carpentras et, plus tard, une branche de cette famille, se fixa à la Tour-d'Aigues.

N. D'Hupays fit l'acquisition (3) de l'hoirie de Louis de Puget, de Monsieur le Président de Saint-Paul, etc. — Le cadastre du milieu du XVIIIe siècle le

(1) Pithon-Curt dit que Blanche de Jarente fut mariée à Étienne de Puget, coseigneur de Fuveau, Président en la Chambre des Comptes et Aides de Provence, et ajoute qu'une autre Blanche, tante de celle-ci, s'allia à Jacques Puget, coseigneur de Fuveau et de la Roquette, Président au Parlement de Provence.
(2) Voir ce qui suit pour les d'Hupays.
(3) Le livre terrier de 1728 (f° 9) mentionne que M. N. d'Hupays acquit la bastide de la Roquette des hoirs du sieur d'Autigny de la ville de Marseille.

fait propriétaire de la Pugette, de la Roquette, des Amandiers, etc... — Joseph-Alexandre d'Hupays, écuyer, né le 8 mai 1746, épousa en 1770 demoiselle Marie-Thérèse-Rose de Testanière, petite-fille de Madame de Castellanne.

« Le 22 septembre 1771, est mort subitement dans la nuit, Bernardin d'Hupays, âgé de 54 ans, au château de Puget et a été enseveli le 24 dans la chapelle des Pénitents. Les confrères Pénitents ont assisté au convoi. Négrel, secondaire (1) ».

En 1777, en 1790, ladite famille possède les mêmes biens avec des droits de censes considérables. La Révolution passe, les XIXe et XXe siècles arrivent, et les d'Hupays, par les femmes du moins, sont encore dans leur vieille demeure où nous avons suivi leurs « devanciers » depuis presque huit siècles.

— Elzéar Rodulfe, fils de Louis Rodulfe, originaire du diocèse de Digne, acquit, l'an 1445, la seigneurie de Fuveau et de Châteauneuf-le-Rouge, posséda la Grand'Bastide, auparavant des H. Roque, des Rican... se retira à Aix où il fut élu deuxième consul l'an 1468 et l'an 1477, et assista, comme son frère Gui, aux Etats de Provence, en 1487.

Il épousa Séllonne ou Silette de Rosset, fille de Guillaume de Rosset (2), maître rational de la Cham-

____

(1) Etat-civil de Fuveau.

(2) Guillaume de Rosset était fils de Pons, archiviste royal, seigneur de Gardanne. Pons fut condamné, en 1429, pour crime de lèse-majesté et ses biens firent retour à la Cour. Mais le roi René, par générosité, fit rentrer Guillaume de Rosset en possession des biens paternels de Gardanne ; puis, en 1454, lui acheta à crédit ladite terre et seigneurie au prix de 4.000 florins. — Il pa-

bre des Comptes, de laquelle il n'eut que deux filles, mariées, l'une à Digne, dans la maison d'Amalric, l'autre à Aix, dans la maison de Lalande. Le contrat dudit mariage (1459) se trouve dans les archives communales de Fuveau. On y voit que le père de Séllonne lui donne juridiction sur ses terres de Rousset situées « *citra flumen Larci* », au-delà de l'Arc.

Elzéar Rodulfe passe un acte avec le magnifique et puissant seigneur Raymond Puget, professeur en droit, pour certaines terres du quartier de la Grand' Bastide (1). En 1471 il vendit un moulin à Hugues de Puget; en 1479, il acheta une terre à Jean Arnaud, ainsi qu'à Mounet, ménagers, et reçut en 1485 diverses reconnaissances de Jean Caudier principalement pour un jardin derrière l'église.

Veuf de Séllonne, ledit Elzéar se marie avec Honorée de Castellanne-Montmeyan, fait son testament l'an 1500, et laisse, de sa seconde femme, Balthazar, Anne et Claire Rodulfe.

Balthazar fut plusieurs fois consul d'Aix. Il se maria avec Jeanne de Brandis, nièce de Pierre de Brandis, seignenr d'Auribeau, conseiller au Parlement, et eut deux fils, Louis et Elzéar.

---

raît qu'à ce moment l'église de Gardanne n'était guère en meilleur état que celle d'aujourd'hui, puisqu'en 1492, le Roi ayant amené un certain nombre de dames qui n'avaient jamais vu la province il en résulta une telle affluence de monde à l'église que la tribune s'effondra.

René n'ayant jamais soldé le prix de la terre de Gardanne, Charles III, son neveu et successeur, ne trouva d'autre moyen de s'acquitter qu'en restituant la terre de Gardanne à Elzéar Rodulfe, gendre de Guillaume de Rosset, le 10 novembre 1480 (Numa Coste, dans *le Sémaphore de Marseille* du 7 et 14 avril 1901).

(1) Archives communales de Fuveau.

En 1511, il échangea la bastide de la Roquette, avec un domaine de Jacques de Puget, au terroir d'Aix, après lui avoir déjà cédé certains droits féodaux, en 1504.

Il reçoit, en 1515, de Jacomin Ribot — de Châteauneuf-le-Rouge — deux terres, près de l'Arc, ainsi qu'une autre terre d'Antoine Vitalis, ménager, en 1527 (1).

Louis Rodulfe, seigneur de Fuveau, eut pour fils Balthazar II (2) du nom, seigneur aussi de Fuveau, élu premier consul d'Aix, l'an 1581, et marié à Claire Martin, de Puyloubier. Il n'en eut que des filles mariées dans les maisons de Grasse-Montauroux et de Riqueti.

Elzéar Rodulfe, frère de Louis, possédait aussi à Fuveau, patrimoine et droits importants, comme il conste par une pièce latine de 1553 conservée aux archives de Fuveau.

On voit aussi, en ce dépôt, plusieurs titres d'acquisitions roturières des Rodulfe (3), qui au commencement du XVII⁰ siècle, en vinrent ainsi à réunir presque tout le plan de la Grand'Bastide et de Rives-Hautes, jusqu'à l'Arc (4).

Jean de Puget achètera un ménage ayant appartenu

(1) Archives communales de Fuveau.

(2) « Monsieur de Pourcilz-Vitalis, dit le cadastre de 1569, ayant été condamné, vendit sa terre de la Grand'Bastide à Balthazar Rodulfe, seigneur de Châteauneuf-le-Rouge, et on a fait le déchargement sur ledit Rodulfe ».

(3) Jean de Riqueti, écuyer de la ville de Marseille, est maître des biens et droits de demoiselle Isabeau Rodulfe, fille de Balthazar Rodulfe ».

(4) Achat de terres par Balthazar Rodulfe à Mounet Fouque, 1575, à Jacques Parrin, ménager, en 1531, etc., etc.

à Balthazar Rodulfe ; mais le plus important acquéreur des biens des Rodulfe, de Montauroux, sera André Mathieu, le remuant et trop processif châtelain de la Grand'Bastide.

Avant de se défaire de leurs ménages de Saint-Jean-de-Mélissanne, de la Grand'Bastide, de Rives-Hautes, Claire de Martin, épouse et héritière de Balthazar Rodulfe, ses filles Gabrielle et Madeleine, son gendre Claude de Grasse, et plus tard Antoine de Grasse auront de très dispendieux procès avec la communauté que nous ne pouvons reproduire ici à cause de leur longueur étonnante (1).

— Louis Duranti, ou Durand (2) était maître rational en la Cour royale de Provence en 1469. Il fut père de Bertrand Durand (3), conseiller au Parlement, en 1501. Bertrand fit son testament en 1523, laissant deux fils : 1° Georges, seigneur de Peynier, conseiller au Parlement, dont vint Claude Durand ; 2° Jacques Durand, Vitalis qui « possède terre à la Font de l'Olme », près

---

(1) Aix, Grenoble, Montpellier eurent à s'occuper de ces démêlés des tailles ; et alors même que les hoirs Rodulfe auront vendu leurs terres, la communauté réclamera encore des arrérages d'impôts roturiers qu'on ne lui donnera jamais.

(2) Laurent Durand était, en 1363, du nombre des écoliers que le Pape Urbain V admit dans son *Studium* de Trets. — En 1432, N. Durand a laissé un curieux testament qui est entre les mains de Monsieur de Duranti La Calade. Il lègue, entre autre choses, à Saurine, épouse d'Etienne Eyme de Trets, à cause de services rendus, une maison à Trets, située devant le four, près du cimetière. Cette maison habitée par les époux Eyme, appartenait autrefois à Martin Vézian. — Mais ce nom de Durand étant fort répandu, qui pourrait bien démêler, en ces époques encore si peu étudiées, la généalogie des Durand de Trets, d'Aix, de Fuveau ?....

(3) Le 31 mai 1497, noble Baude, fille de Hugues Baude de Fuveau, et veuve de Pierre, échange, avec Bertrand Durand, sa portion en ladite seigneurie, avec tous droits, pour une bastide au terroir de Marseille, quartier de Montolivet (Archives d'Hupays).

seigneur de Fuveau. Ce Jacques, consul d'Aix en 1537 et 1544, fit son testament l'an 1583, et laissa : Jean Durand, chevalier de Malte, Joseph Durand, seigneur de Fuveau. Ce dernier, consul d'Aix en 1560-1574, eut Pierre Durand seigneur de Fuveau (1). Il fut marié 1° avec Hélène de Laincel, dont vint Gaspard Durand seigneur de Fuveau, père au moins de quatre enfants, François, André, Esprit, Charles, tous nés à Fuveau et baptisés par le vicaire Vitalis, le 9 novembre 1642, le 25 septembre 1644, le 23 mai 1646, le 12 février 1648 ; 2° avec Marguerite de Castellanne, dont vint Sextius Durand.

La communauté de Fuveau requiert, le 7 avril 1656, les sieurs Durand de se trouver à la commune le 10, pour y prendre la délibération que besoin sera sur le fait du nouveau cadastre La femme de Sextius Durand répond que son mari est à Grenoble ainsi que Anne Conte, veuve et héritière de Gaspard Durand.

En 1667, Sextius et les hoirs de Gaspard Durand nomment des experts dans l'affaire toujours épineuse et critique de la liquidation des tailles. Le 7 janvier 1669, ces Durand sont maintenus dans leur noblesse ; en 1672, ils sont astreints aux dépenses générales de la communauté de Fuveau ; enfin ils vendent leur portion de Fuveau à Jean-Baptiste de Regis, leur parent (2).

— Dès le 18 avril 1402, nous rencontrons un Pierre Vitalis qui « possède terre à la Font de l'Olme » près

(1) Les cadastres de 1557, de 1603, donnent aux Durand de Fuveau la bastide de Bramefan, et d'autres terres au mont de Gardane, commune de Fuveau.

(2) Voir plus loin, en ce chapitre, l'article consacré aux Régis.

la Grand'Bastide. En 1414, Hugues Vitalis passe une reconnaissance à Roque, coseigneur de Fuveau (1), et le 7 juin 1471 (2), Jacques Vitalis reconnaît à Raymond Puget « un hermas de 30 éminées au quartier du Rouve ».

Martelli, notaire à Aix, nous donne, du 30 mai 1501, un « échange de terres entre Pierre de Vitalis, coseigneur de Fuveau, et Antoine Caudier (3) ».

Dans le « Registre des Hommages au Roi de 1529 » nous voyons figurer Pierre de Vitalis, coseigneur de Fuveau, pourvu l'an 1525 d'un office de conseiller, et maître rational en la Chambre des Comptes de Provence.

Brillant professeur et docteur en droit, maître d'une portion de la seigneurie de Pourcieux, Pierre de Vitalis voulut arrondir son domaine noble de Fuveau. Le sieur d'Agout et Pierre Blancard d'Aix sont en procès sur Châteaularc et sa juridiction ; il n'importe. Pierre de Vitalis et Pierre Blancard font, par acte latin du 3 mai 1530, l'échange suivant.

Celui-là donne une terre au Lauvas, une vigne à Barrelette, une ferrage près du chemin de Rousset à Auriol ; celui-ci cède sa partie de terre et de juridiction à Châteaularc « avec charge de pension au vénérable couvent des frères Carmes d'Aix auquel est dû la célébration d'une messe dans l'église même ».

Cette supériorité et ce *quasi condominium* ayant été

(1) Actes de J. Pascalis, notaire à Trets.
(2) Notaire Guiran, à Aix.
(3) Les Caudier étaient très nombreux, très riches et très influents à Fuveau, au XV° et surtout au XVI° siècle. Parmi les quelques rues du village il y avait la rue Caudier.

trouvés ainsi par Pierre Blancard, Pierre de Vitalis les reconnaît, dans l'acte passé à Fuveau, en la grande salle du château-forteresse (1) des Vitalis, devant les témoins Pierre Bassac, Louis Béranger, etc.

La terre d'Arpille, dite des Prêcheurs, au quartier de Baumouilles, était possédée en 1487 par la demoiselle Honorade Arpille qui, le 1er août de ladite année, en passa reconnaissance à Elzéard Rodulfe, l'un des seigneurs de Fuveau.

Arpille la laissa, par testament, aux Pères Dominicains d'Aix, qui, le 8 juillet 1542, la vendirent à Pierre de Vitalis.

Le beau domaine de Baumouilles (2) s'agrandit considérablement avec les Vitalis, au point qu'il avait pour confronts : le vallat de Favaric, la ferme de Châteaularc, les Rajols, la Roquaude, le vallat de Gréasque (le moulin compris) et l'Arc. Aussi les Vitalis ajoutent à leurs prénoms le nom de Baumouilles comme le firent d'ailleurs, plus tard, formellement, les de Peysonnel et les de Boutassy (3).

Pierre de Vitalis eut de Béatrix Moutte, sa femme, Esprit et Cosme de Vitalis. A Esprit, son père résigna la place de conseiller aux Comptes. Il devint plus tard conseiller au Parlement (1554), et se maria à Benoîte de Gras, laquelle se remaria à Jean d'Arcussia. Elle

(1) Ce château était situé à la place vieille, dite de saint Paul, près la porte Fabre, au commencement même de la rue de Nice.

(2) Les d'Escalis et les de Flotte avaient été, antérieurement, possesseurs de Baumouilles.

(3) De Peysonnel, le 7 janvier 1675, aux écritures du notaire Darbèz, acquit les Baumouilles ; il les transporta au marquis de Boutassy, le 19 novembre 1689. — Au 20 février 1767, le parrain de Bruno Vitalis s'appelle Jean-Paul-Baumouilles de Boutassy. — Etat-civil.

était fille de Guillaume de Gras et d'Hélionne de Forbin Gardanne.

Cosme de Vitalis, son frère, qui fut son héritier, était
coseigneur de Pourcieux et de Fuveau où sûrement il
continua à posséder le « Grand Château » de son père,
suivant le cadastre de 1569.

Elu deuxième consul d'Aix en 1565, il s'était uni à
Marguerite de Bourdon, seigneur de Bouc, viguier
d'Aix.

Il en eut Marc-Antoine (seigneur de Pourcieux),
Pierre et Raynaud ou Raymond, coseigneurs de Fuveau.

Pierre (II) de Vitalis eut pour fils Cosme et Marc-
Antoine.

Raynaud eut pour fils André, si Robert de Briançon
est ici bien informé (1).

Ils furent tous maintenus dans leur noblesse par décision du 14 janvier 1669.

En 1614, Marc-Antoine et Raynaud (?) de Vitalis,
frères, font une transaction au sujet de la terre de
Baumouilles.

Nous retrouvons, en 1634, Cosme de Vitalis, coseigneur, en possession du pré du Castel, appelé de nos
jours le Vallon. Il est témoin, le 10 juin 1652, au
mariage de Mathieu Barthélemy avec Anne-Lionne
d'Auriol (2).

Voici son acte de décès :

« L'an 1684 et le 12 de novembre a été inhumé,

(1) Nous lisons, en maints endroits des archives communales,
qu'André, avocat, sieur de Fuveau était neveu de noble Cosme
de Vitalis.... La communauté fit un procès à Marc-Antoine et
Pierre, pour obtenir le payement de certaines dettes (1625).
(2) État-civil de Fuveau.

dans l'église paroissiale de ce lieu de Fuveau, Cosme de Vitalis, coseigneur, décédé le jour auparavant. Ont assisté au convoi Louis Depoisier, Louis Bernard, consuls, Claude Talon et autres qui ont dit ne savoir escrire, de ce interpellés.

Vitalis, prêtre — »

Marc-Antoine avait été enseveli le 1er août 1677 « dans le tombeau des descendants d'Esprit de Vitalis, qui est dans la chapelle de Notre-Dame de l'église paroissiale de Fuveau. Au convoi, assistèrent noble Cosme de Vitalis, sieur dudit lieu, son frère, Louis de Fuget, sieur dudit lieu et de Saint-Paul, Louis Vïtalis, Henri Vitalis, notaire et greffier, maître Thomas Barthélemy, baille, et autres qui ont signé avec nous...

Vitalis, vicaire.

André de Vitalis devint avocat estimé à la Cour d'Aix. Nous savons qu'il était très lié à ses oncles et à ses cousins, comme nous savons pertinemment qu'il était coseigneur de Fuveau, car des pièces communales du 8 mai 1657, à la suite d'une démarche du 7 avril 1656, lui donnent ce titre, et nous révèlent l'adresse de sa maison d'Aix.

Dans un acte communal de 1621 nous lisons que Paul de Vitalis, avocat, sieur de Fuveau, possédait les Baumouilles et d'autres biens taillables, près le ruisseau de la Gastè (à la gare, actuellement) ; et sur le Cazarnet de 1623, ce même Paul de Vitalis est imposé pour lesdits biens

Avec ce dernier, avec Messire de Séguiran-Vitalis,

Pierre de Vitalis, marié à Lucrèce de Puget... nous terminons ce que nous avons à dire sur cette lignée noble des Vitalis coseigneurs de Fuveau (1).

— Une autre lignée, celle de Guillaume Vitalis, frère de Pierre de Vitalis, maître rational, a joué aussi un rôle considérable daus le pays durant trois siècles. Il est d'autant plus nécessaire de consigner à cette place quelques notes sur ces bourgeois si influents, si triomphants, qu'ils finirent par accaparer l'administration civile, religieuse, commerciale, et arrivèrent même à la coseigneurie de Fuveau.

Donc, après Guillaume Vitalis qui vivait à la première moitié du XVIe siècle, ainsi que son frère le coseigneur, paraît Jean Vitalis, consul, en 1574. Comme Antoine Vitalis, comme Louis Blanc, prêtre de Fuveau, en 1569, il plaide énergiquement par parole et par écrit, contre le récalcitrant Reynaud, tenant de Rives-Hautes.

Avec le début du XVIIe siècle se présentent à nous les Vitalis ménagers tailleurs d'habits, consuls, marchands, trésoriers, prêtres surtout. Plus tard, ils seront greffiers, notaires, ermites, maires, et occuperont toutes les positions sociales, accomplissant ainsi parfaitement la définition de leur nom essentiellement *vital* (2).

Les quelques figures qui émergent de cette très nombreuse, très féconde et très religieuse famille sont

(1-2) L'Etat-civil ancien (1642-1792) nous offre presque à chaque page, quelques noms et prénoms de Vitalis. Une généalogie particulière des Vitalis intéresserait sûrement le pays de Fuveau. mais nous croyons qu'elle serait déplacée dans cette étude communale. Espérons que néanmoins ce travail verra le jour sous la signature d'une personne aussi passionnée que bien renseignée pour les familles de Fuveau.

celles des ecclésiastiques, du notaire Henri, du coseigneur Etienne, de ses fils, les abbés, producteurs du charbon de pierre.

Louis Vitalis, curé de Fuveau, est imposé, dans le « Cazarnet de la taille de 1625 » à 37 florins, 3 sous, 6 deniers. Cela prouve, pour l'époque, la possession de belles propriétés !

Son successeur, Jacques Vitalis, qui sera pasteur de Fuveau environ un demi-siècle, mène le pays avec une rondeur, un zèle et un empire dont se plaindra vivement, et peut-être injustement, le coseigneur de la Grand'Bastide.

Quelle salutaire et persévérante action cet homme de Dieu a exercée dans sa paroisse et sa commune ! Si sa famille, toute puissante, l'a aidé dans cette tâche, lui, n'a pas été en retard de bienveillance et d'attachement. Que de fois nous le trouvons parrain dans les baptêmes des siens, et avec quel soin il leur inspire l'amour de Dieu, du travail, du dévoûment et de l'état clérical ! Autour de lui, il a une couronne de prêtres ; presque tous les villages voisins, Marseille même, en possèdent. Il meurt en 1684, et son neveu Etienne Vitalis, qui avait été son secondaire, devint curé après lui. En voici la preuve :

« L'an 1685, et le 23 de septembre, a été enterré, dans la chapelle de Notre-Dame-de-Piété de Saint-Louis et de Saint-Jacques, et *dans le tombeau que les prêtres descendus des Vitalis et de la lignée de Guillaume, frère de Pierre, maître rational (1), ont fait bâtir et ensemble un autre pour les laïques* d'y cette

(1) Voir ce chapitre IV, pages 65, 66, etc.

lignée, Messire Jacques Vitalis, prêtre et vicaire décédé le jour auparavant. Ont assisté, les confrères Pénitents, Messire Etienne Vitalis, son neveu et son successeur, vicaire, Messire Henri Vitalis, notaire, Louis Vitalis et Antoine, frères, qui ont signé après avoir été interpellés.

> Vitalis, prêtre et vicaire ».

Cette chapelle de Notre-Dame-de-Piété se trouvait *dans l'église paroissiale même*, comme le dit textuellement l'acte mortuaire du 29 avril 1682 relatif à Louise Vitalis, fille à Antoine, ensevelie dans le tombeau de sa famille (1).

Etienne Vitalis, vicaire, mourut le 18 avril 1697 et dut être enterré dans la tombe des prêtres Vitalis, quoique le texte dise seulement « dans l'église paroissiale » sans autre mention. Assistèrent au convoi, noble Jacques de Peysonnel, le vicaire de Gardanne qui fit le service, le vicaire de Rousset, le vicaire de Saint-Savournin, Monsieur Dauphin. secondaire à Peynier, Monsieur François Vitalis, secondaire à Gardanne, Monsieur d'Albinos, secondaire de Fuveau, plusieurs parents et autres ».

Un autre neveu de Jacques Vitalis, curé ou vicaire de Fuveau, comme on voudra le qualifier, était Henri Vitalis, notaire. Il exerça sa fonction notariale pendant plus de cinquante ans. Né en 1634, de François Vitalis et de Catherine Etienne, « il fut enseveli, le 31 juillet 1713, à la chapelle Saint-Michel, au cime-

______

(1) En 1682, 21 août, Madeleine Vitalis, fille à Henri, notaire, fut ensevelie dans le tombeau de ladite chapelle Notre-Dame, Saint-Louis et Saint-Jacques, en *l'égli e paroissiale*, etc., etc. — Etat-civil.

tière, accompagné de Messire Pierre Vitalis et de sieur Etienne, bourgeois, ses enfants, et de la compagnie des Pénitents. Pierre et Etienne ont signé, et des Pénitents, Jean Fouque, prieur, et Claude Bonnefoy, sous-prieur (1).

Mariée à Louise Rougière, d'abord, et ensuite à Anne Castinelle de Peynier, il remplit éminemment l'entier rôle social en lequel le placèrent des circonstances toute particulières. Il fut l'adversaire intelligent et acharné d'une série d'avocats forains — Mathieu surtout — qui humiliaient et déchiraient la commune, il donna des conseils très sages à ses clients, longtemps dirigea les finances du pays, avec une prudence universellement recherchée, enfin éleva sa famille dans les plus saines traditions. Son fils Pierre Vitalis, prêtre, lui donna, il est vrai, quelques soucis, lors de ses démêlés avec Rossolin, curé de Fuveau, mais la considération dont il jouit plus tard le dédommagea des grêles de cet orage ecclésiastique accumulé, pour ainsi dire, par tout un siècle d'influence de la part des Vitalis, curés de Fuveau.

« Le 9 juin 1725, Messire Vitalis Pierre, fils de feu Henri Vitalis, notaire, âgé d'environ 60 ans, a été enseveli à Saint-Michel, cimetière de la paroisse, accompagné de la *ga*z*ette* des Pénitents dont il était confrère, de ses parents et de nous, Car, curé de Fuveau, Auzière, curé de Gardanne, Négrel, vicaire, Tournière, prêtre. »

Restait Etienne Vitalis, bourgeois, fils du notaire

____

(1) Si le changement du lieu de sépulture des Vitalis a eu pour cause morale l'incident Pierre Vitalis-Rossolin, nous n'en avons nulle part saisi la trace certaine.

Henri. Veuf de Marie-Madeleine Léon, ou Lion, il s'unit à Anne Paul. De ces deux femmes il eut beaucoup d'enfants, entre autres Etienne-Pascal Vitalis et Joseph Vitalis qui devinrent tous les deux prêtres, et enrichirent leur pays par l'exploitation des mines de charbon.

Peu après leurs baptêmes, 2 avril 1725, 17 avril 1726, sinon auparavant, Etienne Vitalis, leur père, avait obtenu une des coseigneuries de Fuveau.

Nous le voyons, en effet, avec ce titre de coseigneur, en 1734, au baptême de son fils Augustin Vitalis, le 5 août 1740, au décès de sa fille Marie Vitalis, le 29 mars 1741, à la signature de l'acte de baptême de Marie-Françoise Vitalis, etc...

« Est enterré le 31 mars 1753 dans la chapelle des Frères Pénitents Etienne Vitalis, coseigneur du lieu de Fuveau, âgé de 70 ans ». L'abbé Pascal Vitalis, prêtre, signe comme témoin au mariage de Lazare Barthélemy et de Marguerite Vitalis, fille de Joseph Vitalis, célébré à Fuveau le 15 mai 1755. C'est l'époque où les charbonniers employés surtout par les abbés Vitalis deviennent très nombreux dans le pays, ainsi que nous le verrons ailleurs.

Voici comment les hommes de la Révolution rendent hommage à ce digne prêtre, universellement estimé et aimé :

« Au 24 frimaire, an III, le conseil étant assemblé à la maison commune, Jean-Louis Vitalis préside, et un des membres requiert l'assemblée de mettre en délibération s'il ne conviendrait pas à la commune de Fuveau de réclamer, auprès des Corps administratifs, en faveur du citoyen Etienne-Pascal Vitalis, le bénéfice de la *Loi Salutaire*, qui a rendu à leur patrie et à leurs foyers tant de citoyens utiles à la République.

Le citoyen Pascal Vitalis, pendant le séjour qu'il a fait à Fuveau depuis 42 ans presque sans interruption, s'est adonné aux travaux de l'agriculture *et à l'exploitation des mines de charbon de pierre, ce qui conste par les ouvrages qui subsistent et par les découvertes qu'il a faites dans ce genre qui est son principal commerce,* par les certificats aussi que lui a délivré la commune de Fuveau. Ami de la Révolution, il a ouvert sa bourse et son cœur surtout à ses concitoyens. Il a payé avec zèle son don patriotique, ses impositions, il a donné des souliers aux troupes, des chemises aux malades et aux jeunes volontaires républicains, il a porté à la Monnaie toute son argenterie, il a souscrit 1.000 livres pour la subsistance des habitants, et comme don à la nation, il a ajouté un calice d'argent et 300 livres l'année dernière etc., etc.

Les Registres de la Société populaire consignent ces faits et d'autres encore.

Or des ennemis l'ayant fait mettre en état d'arrestation, le 20 octobre 1793, on scella ses papiers et effets, et n'ayant, officiellement, rien trouvé de suspect il fut mis en liberté (1).

Malgré cela, il fut mis une seconde fois en arrestation et traduit dans la maison d'arrêt d'Aix, le 6 floréal dernier sans qu'on ait pu lui rien reprocher.

(1) Deux citoyens du pays le gardèrent rigoureusement, dans sa maison, pendant plusieurs jours. Il payait lui-même ses gardiens, comme d'ailleurs, Alexandre-Victor d'Hupays, sequestré en son château, que surveillaient étroitement quatre fermes républicains. (Registre des Délibérations, 1793).

Bien au contraire, le citoyen Vitalis est dégagé de toute ambition, de tout esprit de corps et de profession, ne recevant de traitement de personne, ne remplissant aucune fonction publique, a continué à se sacrifier pour la patrie, ce qui exige aujourd'hui un témoignage public de tous ses concitoyens...

Sur quoi le conseil, à l'unanimité, requiert l'acquittement définitif dudit Vitalis, si ce fait n'a été déjà, et le consigne ici dans ce registre des délibérations. — Ce témoignage de son civisme l'engagera à continuer à donner un exemple salutaire à l'intérêt général et communal ».

Joseph Vitalis, coseigneur et frère du susdit Pascal possédait (d'après le cadastre de 1777 fait par Guirand, notaire de Vauvenargues, et Jean Ouvière, géomètre d'Aix) château (1), cour, plusieurs maisons à la *Grand'Rue*, terres à la Foux, aux Plaines, au Rieret, bastide et bergerie de Masse, etc. — Dans le rôle des contributions patriotiques du 7 mai 1792 il est inscrit pour 100 francs.

L'orage révolutionnaire et la vue des dangers personnels et fraternels lui ôtent quelque chose de la rectitude de son intelligence. Hélas ! comme tant d'autres ecclésiastiques, le 18 frimaire an VI, devant l'agent municipal, M. Pousier, il prête le serment en exécution de la loi du 19 fructidor dernier, dont la teneur suit : « Je jure haine à la royauté et à l'anar-

(1) « Hoirs Jean Suzanne, confrontant le château de l'abbé J. Vitalis, fol 219, v°. — Antoine Fouque, huissier, maison, confrontant, à la porte Fabre, la rue, la cour du château de M. Joseph Vitalis, prêtre ». (Cadastre 1777).

chie, attachement et fidélité à la Constitution de l'an III de la République », et me suis signé : J. Vitalis.

. L'abbé Joseph Vitalis refusa d'être maire, mais devint membre influent du conseil municipal.

Granier, secrétaire, l'appelle. dans le cahier des délibérations de l'an IX, Vitalis, ex-prêtre, mais, lui, signe J. Vitalis tout court. Il resta conseiller municipal. jusqu'en 1809, époque de sa mort..

A partir de l'an XII, son nom est suivi du qualificatif prêtre. Quoi d'étonnant, puisque le 25 fructidor, an IX, il s'était présenté à la commune « en déclarant, avec serment légal, vouloir exercer les fonctions de prêtre dans cette paroisse ».

Ce dernier coseigneur des Vitalis, ce riche prêtre, bienfaiteur de son pays, mourut à Fuveau le 9 mai 1809. L'Etat-civil consigne ainsi son décès :

. « Aujourd'hui, 9 mai, est décédé Joseph Vitalis, prêtre, âgé de 83 ans, fils de feu Etienne Vitalis et de feue Anne Paul, sur la déclaration faite par le sieur Mathieu Benoît, neveu du défunt, propriétaire, âgé de 30 ans ».

— D'après le cadastre de 1704, Jean-Baptiste et Claude de Faudran étaient hoirs de noble Cosme de Vitalis (1) ». Au Cazarnet ou Etat de tailles de 1709, ils sont fort imposés.

Ces deux frères Faudran sont témoins au mariage du berger Martin Michel avec Marie Barthélemy, célébré le 28 août 1678.

(1) Une reconnaissance de 1686 porte aussi que l'héritage de Cosme de Vitalis avait passé aux Faudran.

Le 29 avril 1679, noble demoiselle Dorothée de Faudran est marraine avec Henri Vitalis (1), notaire, parrain, au baptême de Dorothée Vitalis, fille de Louis, marchand.

Gabrielle de Brémond, épouse de noble de Faudran, a été ensevelie au cimetière de Saint-Michel, le 24 février 1697.

Jean-Baptiste de Faudran est présent comme ami et comme témoin à la cérémonie d'enterrement de Thérèse d'Hugolen, veuve de François de Peysonnel, co-seigneur de Fuveau, le 27 septembre 1698.

Nous retrouvons, quelquefois, à Châteaularc, aux Pénitents dont ils étaient membres, à l'église, qu'ils aimaient, à la mairie qui connaissait leur dévoûment, ces bons, simples et fidèles seigneurs de leur cher Fuveau. Tous les deux voulurent y être enterrés, après y avoir vécu le plus longtemps possible dans leur château, désigné aujourd'hui sous le nom de « château des Pampes ». Noble Jean-Baptiste de Faudran, âgé de 90 ans, fut enseveli le 24 septembre 1740, dans l'église de Saint-Michel, cimetière de cette paroisse.

Claude de Faudran, écuyer de la ville de Marseille, âgé de 82 ans, assiste, le 9 janvier 1741, au mariage de Antoine Gras et de Marguerite Vitalis, ainsi que son ami Jean de Peysonnel, écuyer. Il meurt le 5 janvier 1742 et est enseveli le 6 à la chapelle des Pénitents.

---

(1) Les relations entre les Faudran et les Vitalis étaient excellentes à cette époque, comme il nous a été facile de le constater souvent dans les circonstances tristes ou agréables de ces deux familles. — On trouve, dans les Registres de la ville de Lambesc, les Faudran qualifiés de chevaliers et damoiseaux.

Furent présents, Rippert, curé de Fuveau; Isnard, secondaire, Roux, curé de Saint-Savournin.

— Jean-Baptiste de Régis, trésorier général, était marié à Marie de Durand, dame de Fuveau. Par transaction du 27 août 1658, entre les coseigneurs de Fuveau, il obtient un quart de juridiction et droit seigneuriaux. Mathieu a un quart comme lui. La dame de Castillon, veuve de Jean-Antoine de Puget n'a qu'un huitième, et pareillement Louis de Puget. Cosme de Vitalis et André de Vitalis en sont aussi au huitième chacun. Tout coseigneur doit tenir la préséance sur les autres dans le temps de sa juridiction.

Jean-Baptiste de Regis, comme d'ailleurs, Puget, est caution pour la communauté dans un emprunt que celle-ci est obligée de faire en 1664 (1) au sujet des procès aussi longs que coûteux contre Mathieu. Celui-ci se plaint alors vivement des offenses que lui font lesdits coseigneurs.

Nous trouvons quelquefois le nom de Regis dans l'Etat-civil. Ainsi lui et sa femme tiennent, le 20 octobre 1659, sur les fonts baptismaux de la paroisse, Jean-Baptiste Agnel, fils à Jacques et à Suzanne Jacob ; Madame de Regis et Joseph de Regis apparaissent encore le 20 décembre 1668 et le 5 janvier 1670.

. Le 8 juillet 1669, fut enseveli dans l'église paroissiale M. Ignace de Regis, fils de Monsieur le général Jean-Baptiste de Regis, sieur de Fuveau, et de Marie de Durand, dame dudit lieu.

(1) Hommage de la terre de Fuveau par J.-B. de Regis en 1664. Déjà, au livre terrier de 1658, J.-B. de Regis est possesseur du château des Durand, du Jas de Bassac....

C'est Jacques Vitalis, vicaire, qui préside la cérémonie. Il n'était pas certes un inconuu pour cette famille. Déjà, le 18 novembre 1660, Marie de Durand, dame de Fuveau, avait été marraine, en même temps que Jacques Vitalis était parrain, de Jacques-Etienne, fils à Guillaume et à Madeleine Nègrelle. Et le 7 septembre 1666, André Mathieu répondait à la sommation de la communauté sur l'affaire des tailles :

« Ce que m'écrit Jean-Baptiste de Regis, sieur de Fuveau, beau-frère et oncle des Durand, acquéreurs de leur portion au vallon de Cassole, etc., ce que demande Henri Vitalis, notaire, greffier de la communauté, est un effet du festin que Messire Jacques Vitalis, vicaire, fit le jour d'hier, à dîner, dans la maison presbytérale audit sieur Regis et à toute sa famille, pour y conclure ce qu'il fallait pour continuer les vexations journalières, pour m'accabler de procès...

Nous ignorons à quel mobile obéit Jean-Baptiste Regis pour se défaire de ses biens de Fuveau ; toujours est-il que le cadastre nous mentionne la mutation desdits biens. François de Foresta en devint acquéreur par acte de novembre 1672. Il les passa le 7 janvier 1676 à François de Peysonnel (1).

— François de Peysonnel, quatrième fils de Jean II de Peysonnel (2), fut l'auteur de la branche des seigneurs de Fuveau et de Saint-Savournin.

____

(1) Notaire Darbez, Aix. — Cadastre de 1677, f° 352.
(2) Cette famille de Peysonnel sort de celle de Piscicelli de Naples, très en vue déjà sous la reine Jeanne, et fort célèbre dans la suite par les hommes éminents qu'elle a fourni à l'Eglise, à l'Etat, aux sciences.
Marseille et Aix ont donné à deux rues les noms de Peysonnel.

Il était mousquetaire du Roi, dans la seconde compagnie, lors de sa création, fut second consul d'Aix, et Procureur du pays en 1686.

Il avait épousé en 1666, Marie-Thérèse d'Hugolen ; il mourut en son château (1) et on l'ensevelit le 1er août 1690, dans la chapelle du cimetière de Saint-Michel.

Sa femme est portée dans la même tombe de famille, le lendemain de sa mort arrivée le 26 septembre 1698.

« Ont assisté aux funérailles Monsieur Jacques de Peysonnel, son fils (2 , seigneur de ladite terre, la communauté, savoir : François Guilhen, baille, Honoré Estienne et Melchior Fouque, consuls, la confrérie des Pénitents, noble Jean-Baptiste de Faudran, lesquels ont signé.

Il y eut permission de M. l'abbé de Julian, vicaire

Les historiens de ces deux villes classent certains Peysonnel parmi les citoyens illustres.

La Bibliothèque de Marseille possède en manuscrits : 1° *Traité de Cosmographie*, dicté au sieur Jean de Peysonnel de Fuveau, l'an 1680 — Papier, 117 feuillets. n° 1143 ; — 2° les *Bucoliques de Virgile*, traduites par le sieur Jean de Peysonnel, de Fuveau, autographe, précédé d'une dédicace à Madame de Peysonnel, de Fuveau, mère de l'auteur. — Papier, 101 feuillets, n° 1054 ; — *Traduction du Supplément de Quinte-Curce*, de Cicéron, pour Ligarius, *du Quatrième des Géorgiques, de Cicéron* (sic), par le sieur Jean de Fuveau de Peysonnel (1680). — Papier, 173 feuillets.

(1) C'est celui qui touche l'église paroissiale, là même où est aujourd'hui le Cercle catholique.

On trouve aux Archives communales des consultations juridiques pour les Peysonnel, en 1685 et 1695. En 1658, une pièce des archives d'Hupays, nous parle « d'achat de terres à Fuveau par Jean de Peysonnel ». Ce Jean II s'était établi à Aix où il fut Procureur du pays. Il avait épousé à Draguignan, en 1625, Marguerite de Raimondis.

(2) Ce Jacques, dit de Beaumouilles, officier dans le régiment de Peysonnel, colonel de dragons et maréchal de camp que Louis XIV surnommait le *brave Peysonnel*, se retira du service après avoir reçu plusieurs blessures en Allemagne, et mourut sans alliance.

et official général, d'ensevelir Madame de Fuveau dans le tombeau quelle avait fait faire.

E. Vitalis, prêtre ».

Le 28 septembre 1700 est née et baptisée Michelle (1) de Peysonnel, fille de Jean de Peysonnel (2), capitaine de dragons, absent, coseigneur de Fuveau, et de Marie-Barbe d'Espinguen.

Le 13 octobre 1705, naît des mêmes, Marie de Peysonnel C'est Jacques de Peysonnel qui est parrain et Marie de Bayard, marraine Cette petite meurt le 21 dudit mois, et « on l'enterre à la tombe qui est à la chapelle du saint Rosaire appartenant au sieur Jean de Peysonnel, seigneur de ce lieu ».

Jacques de Peysonnel est de nouveau parrain le 5 avril 1707. Il appelle son filleul François-Bienvenu. C'est encore un fils à Jean de Peysonnel.

Un autre fils, appelé Jean de Peysonnel, naît et est baptisé le 6 juin 1711. Son parrain est son oncle, Jean de Peysonnel, sa marraine, Jeanne de Peysonnel d'André, sa tante.

Ce capitaine de dragons fut longtemps absent de Fuveau. Il y était en 1722, et se fit un honneur d'assister à l'enterrement du vaillant curé Rossolin. Il y était en 1730. Il mourut, en son château, à l'âge de 68 ans, et « fut enterré, le 26 décembre 1734, dans sa tombe située dans la chapelle de Notre-Dame-du-Rosaire, accompagné des Pénitents, des bailles et con-

(1) Elle se maria le 10 août 1723 à Charles-François de Cipriany, chevalier-seigneur de Saint-Savournin. A sa mort, la terre de Saint-Savournin passa aux Peysonnel.
(2) Il était père du susdit Jacques.

suls de Saint-Savournin et de Fuveau, comme aussi des Œuvres, de noble Faudran, du secondaire Marguerit, Observantin, de Car, cu:é ».

Etendue, au commencement, la terre des Peysonnel à Fuveau s'amoindrit de Baumouilles d'abord (1), et ensuite du domaine de Bramefan. C'est noble Pierre de Séguiran, conseiller du Roi, qui l'acheta, le 30 octobre 1714 (2), à Jean de Peysonnel, écuyer de la ville d'Aix.

« Le 5 juillet 1749, dame Marie-Barbe D'Espinguen, veuve de noble Jean de Peysonnel, seigneur de Fuveau et de Saint-Savournin, est enterrée dans la tombe de la chapelle du Rosaire, accompagnée de plusieurs prétres, des bailles et consuls de Fuveau et de Saint-Savournin, de la *gazette* des Pénitents.

Constantin, curé. »

Son fils, noble François-Bienvenu de Peysonnel, seigneur de Fuveau, perd deux de ses filles, le 8 et le 10 octobre 1757 et les fait ensevelir à la chapelle du Rosaire. Sa femme est Rose-Anne de Gazan.

Nous retrouvons, en 1761, notre François-Bienvenu de Peysonnel donnant des ordres à son lieutenant de juge, et en 1775, prêtant de l'argent à la commune. Enfin, il meurt le 14 et est enseveli le 15 septembre 1782, dans la chapelle de Saint-Michel, au tombeau de ses ancêtres.

Sont témoins : François Guilhen, lieutenant de juge du défunt et Pierre Barthélemy, lieutenant de juge de Boutassy-Guérin

(1) Voir ce chapitre IV.
(2) Fédon, notaire à Aix.

Son fils, Jean-Marie-Bienvenu de Peysonnel, âgé de 29 ans, le suit de près dans sa tombe de Saint-Michel où il est enseveli le 1er mars 1783, accompagné des magistrats et apparents de ce lieu.

Anne-Rose-Jaqueline de Peysonnel se maria à Pierre-Mathieu Barthélemy, négociant de la ville de Marseille. Ils furent parrain et marraine, le 31 mai 1777, de Marie-Rose Blanc. Ils eurent, entre autres enfants, Jean et Jacques Barthélemy qui moururent tout jeunes, et Mathieu-Maximin Barthélemy, filleul (baptisé le 18 mai 1790), de Maximin Depousier, négociant, colonel de la garde nationale de Fuveau.

En vertu du décret de l'Assemblée nationale (26 septembre 1789) on encadastre à Fuveau, en 1790, les biens nobles et ecclésiastiques. C'est Amalbert, géomètre de Trets, et Toussaint, de Peynier, qui procèdent à cette opération pour ce qui regarde Peysonnel-Barthélemy. Outre le château attenant à la paroisse, le procès-verbal relate un four, un moulin à eau, au grand vallat, sur le chemin de Rousset, un moulin à vent au quartier de Saint-Michel, d'autres terres à Saint-Michel, provenant des Durand, enfin un total de plus de vingt pièces, avec cens et droits de lods en plus.

Les Peysonnel-Barthélemy émigrent en 1792 (1), et Bonnefoy, leur fermier, demande à la commune ce qu'il doit faire en l'occurence. Vitalis, tailleur d'habits, est nommé commissaire pour faire l'inventaire des effets de la ci-devant dame Barthélemy-Fuveau,

(1) Les actes parlent à peu près uniquement de « dame Jaqueline Peysonnel-Barthélemy, émigrée hors de la République ».

mais on s'aperçoit qu'il est « gangrené d'aristocratie »
et on cherche un citoyen plus patriote.

La communauté s'empare du four et du moulin, et
les clubistes délibèrent dans la grande salle du château.

Le 22 nivôse, an II, A Long, maire, reçoit de Jau-
bert, bourgeois d'Aix, la mission suivante :

« Je te préviens, citoyen, que l'administration du
district t'a nommé pour procéder à la division et à la
vente des immeubles des émigrés des communes de
Fuveau , Gréasque , Belcodène. Tes collaborateurs
seront J.-Baptiste Moustié et Antoine Granié ; tu te
concerteras donc avec eux, et tous ensemble vous vien-
drez demain à Aix, à 10 heures du matin, au direc-
toire du district pour y recevoir plus amples instructions avec l'état des biens que vous avez à estimer ».

A la suite de cette décision le château des Peysonnel
fut acquis par divers citoyens....

En 1727, il appartenait par indivision à Vitalis
Jean-Baptiste, Depousier Joseph et Barthélemy Pierre,
dit l'Américain (1). L'indivision passa par différentes
phases ainsi que la réserve du troisième étage dévolu,
en 1832, à Ducorps Gabriel...

Finalement, ce vieux château vint à l'église de Fuveau. Y sont installés, aujourd'hui, le Cercle catholique, avec sa magnifique salle de réunion. le sacristain,
la bibliothèque paroissiale, l'Œuvre de Jeunesse avec
son grand théâtre bâti par M. le curé Issalène...

— Les de Foresta, après les d'Agout, les Pontevès,

(1) Cadastre de 1827.

les Beaufort... sont seigneurs de Châteaularc (1). François de Foresta avait acquis à Fuveau les biens seigneuriaux de Jean-Baptiste de Regis, en 1672, mais il les vendit à François de Peysonnel en 1676, en sorte qu'il compte bien peu comme coseigneur de Fuveau.

Nous savons toutefois, que dès le début, en 1672, il se mit en contradiction avec la communauté. Deux ans après, un compromis est passé. Il se renouvelle en 1674 par un accord conforme aux intérêts de Fuveau et du châtelain.

La famille de Foresta garda longtemps des terres roturières dans la commune, et les archives nous ont montré plusieurs reçus des tailles (2).

— Le registre du Parlement de Provence nous offre, au 20 avril 1641, une « délivrance en faveur de maître André Mathieu, avocat à la Cour, de la quatrième partie de la juridiction de Fuveau, avec les bastides en dépendantes qui avaient appartenues à feu Balthazard Rodulfe ».

Ces bastides, il les tenait depuis quelque temps

(1) Châteaularc et Favaric sont tellement importants au moyen-âge et dans la suite, qu'ils méritent, à notre sens, une monographie particulière. Au surplus, les documents presque inséparables qui s'y rapportent, sont considérables. Outre ceux que détiennent les excellents propriétaires de ces deux domaines, le cartulaire de Saint-Victor de Marseille renferme sur ces localités cinq liasses de 26, 59, 90, 61, 37 pièces. L'analyse de ce seul fonds, comprenant déjà un total de 273 pièces, nous mènerait certainement trop loin dans la présente étude communale. C'est pourquoi nous ne parlerons ici de Châteaularc qu'en tant que ses seigneurs furent aussi seigneurs de Fuveau ou possesseurs de certaines terres de Fuveau, comme Bellevue, les Baumouilles...
Tout le reste est à étudier à part, avec Favaric.
(2) Cf. Les Foresta à Trets. *Recherches historiques sur Trets*, pages 159, 160 et suiv.

déjà par divers achats. Il continua de s'agrandir surtout le 29 août 1651, et le 18 mai 1653 (1). En effet, d'abord, Honorade de Puget, veuve d'Augustin de Thomassin, conseiller au Parlement, lui vendit sa terre de Fuveau, biens nobles et roturiers, qu'elle avait par testament de Raymond de Puget, un de ses auteurs; ensuite, Marguerite de Castillon, veuve de Jean-Antoine de Puget, coseigneur, mère et héritière bénéficiaire de noble Jean-Baptiste, vend au même Mathieu tous les biens, droits, juridiction dépendant des hoiries desdits Puget, situés à Fuveau.

En même temps les procès commencent.

C'est en 1642 avec Louis de Puget au sujet de la propriété du vieux château de Fuveau et de son emplacement. Les 12 et 13 mars 1652 un arrêt est rendu en faveur de Puget portant principalement que la muraille dont il est question sera rétablie dans son premier état.

C'est avec André et Cosme de Vitalis, en 1653, relativement aux Baumouilles pour des directes et les droits de lods.

C'est encore avec Messire de Regis en 1666, et les Puget et les Pontevès et les Boutassy plus tard; enfin c'est avec de petits particuliers, surtout avec la communauté, durant un demi-siècle.

Résumer brièvement les documents sur ces points serait écrire de gros volumes, car les deux cinquièmes des archives du XVII° siècle constituent des contredits, inventaires, remontrances, délibérations, exper-

(1) Archives d'Hupays, sac coté 6. — Actes du notaire G. Fazende, à Aix.

tises, compromis, forclusions, expédients, sommations, requêtes, arrêts, comparants, plaidoyers, transactions, accusations , pièces injurieuses , sentences arbitrales, et tout un ensemble de curieux « lettres royaux », se référant précisément aux difficultés inouïes, tout à fait incroyables, entre les Mathieu et le pays.

Voici les plus significatifs témoignages de cette affirmation que nous copions dans les mémoires poussiéreux de la mairie.

« Les 20 et 21 août 1649, le duc d'Angoulême, gou-
« verneur de Provence, fit camper toute son armée
« dans la plaine de Fuveau et lui-même logea dans la
« Grand'Bastide (château des Mathieu); et en con-
« séquence de ce logement, André Mathieu souffrit de
« très grands dommages et intérêts, tant en la con-
« sommation des fourrages, avoines, denrées, que en
« *coupement* de grandes quantités d'arbres fruitiers et
« autres désordres commis par les gens de guerre...

« Ordre de remboursement des dégâts fut donné à la
« communauté de Saint-Savournin ; et au lieu de
« poursuivre son payement par cette voie, André Ma-
« thieu voulut imputer les prétendus dommages
« comme inopinément arrivés sur la communauté de
« Fuveau...

« Nous ne pouvions loger, répondent les consuls,
« toute une armée de passage, autour du village et
« dans les rochers, mais bien dans la plaine Et puis,
« il y a eu plus de ravage aux autres bastides et à la
« communauté qu'à celle d'André Mathieu, car les
« soldats avaient toute liberté et impunité de tout
« faire.

« Que pouvaient donc les administrateurs du pays ?
« On voudrait faire payer le dam aux habitants, si
« pauvres, qu'il n'y a pas une maison qui ait de quoi
« se nourrir et sa famille sans le travail du jour à la
« journée... »

Le seigneur de la Grand'Bastide fut soulagé dudit
passage par l'ordre du duc d'Angoulême, mais il per-
sista et s'opiniâtra à en vouloir à la communauté.

La pièce ci-dessous du 21 mai 1651 riposte péremp-
toirement au contredit du 27 février :

« Ils venaient de Trets, ces soldats, et allaient vers
Gardanne.

Le canon ne pouvait aller si vite ni si librement
que les gens de pied et la cavalerie... il fallut néces-
sairement camper à la plaine et renoncer à monter
dans les rochers du village. Et alors, à la Grand'Bastide, les soldats coupent des arbres, renversent les pi-
geonniers, les poulaillers, pillent tout ce qu'ils trouvent. . Hélas! ils firent autre chose au pays. Le seul
Etienne Audibert, à présent consul, outre le danger
de sa vie — vu qu'il est certain qu'on tirât sur lui
plus de 100 mousquetades après lui avoir pillé tout
— a essuyé l'incendie de sa propriété ..

Aux habitants on prit presque tout le bétail, et
toutes les bastides furent ravagées, tandis que le comte
d'Alais, gouverneur des troupes, était à Auriol, Gardanne et les environs...

Donc que Mathieu demande ses 3.000 livres à la
Cour et non à Fuveau ! »

La conclusion de ladite affaire arriva bien plus tard,
et quoique Mathieu fut convaincu « de fraudes en écri-

tures dans son inventaire des dommages » il « obtint payement de plusieurs parties à la fois ».

Mais en donnant son argent, Fuveau voua une haine implacable à André Mathieu. On l'injuriait publiquement, on l'accusa de voler les archives, d'avoir empoisonné plusieurs de ses concitoyens morts subitement (1670-1671), etc., et les consuls, même en pleine séance, le malmènent très rudement dans la délibération du 18 février 1652 (1)

Le seigneur demande réparation. Il veut qu'on assemble le conseil dans la huitaine et fait ordonner par son lieutenant de juge « qu'on doit biffer ladite délibération, que Bellon Etienne, consul, ira le trouver en son château, lui demandera pardon, que les plus rebelles seront condamnés. etc ..

On n'entend pas cela à la mairie, et les mauvais procédés s'entrecroisent plus vivement que jamais de part et d'autre.

Quand le 6 avril 1656, les députés communaux pour la réfection du cadastre se présentent à Aix, chez André Mathieu, ils reçoivent cette réponse : « Nommons des experts ; la Cour s'occupe de la question ».

La Cour, le Parlement d'Aix, de Montpellier, de Grenoble c'est toujours là que donne rendez-vous cet avocat retors, bilieux et fort antipathique, d'après les attestations communales.

Quelles sommes énormes doit lui solder le pays pour frais de procédure et quelquefois pour sentences ou

---

(1) Il se rendait très souvent à la mairie, inspectait, vérifiait, épelait tous les papiers, et s'attaquait à tout ce qui avait l'apparence d'une critique dans les dépenses de la communauté qu'il forçait lui-même à faire sans vouloir y contribuer pour sa part.

arrêts ! Le 12 avril 1664, les consuls payent 782 livres, 6 sous, 8 deniers, qu'ils empruntent avec intérêt à Monsieur de Villeneuve, conseiller du Roi à la chancellerie de la Cour d'Aix.

Aux sommations des bourgeois Vitalis, administrateurs du pays, André Mathieu se plaint, le 7 septembre 1666, des animosités locales, de sa suppression du titre de forain, et retarde toujours la solution de l'affaire capitale des tailles auxquelles il était soumis et qu'il ne voulait pas payer, chaque fois qu'on l'en requérait.

Enfin, en 1674, après des dépenses incalculables, on termina par où l'on devait commencer Un gros cahier de près de 100 pages résume une sentence arbitrale conclue pour les Mathieu et la communauté de Fuveau. Les experts accordent, sans doute, certaines exonérations dans des articles de contributions véritablement exagérées ; mais sur les réclamations infinies dudit seigneur, cela est bien peu de chose. Triomphante et lasse à la fois, la communauté ayant obtenu gain de cause pour la roture des biens de la Grand'Bastide, vécut en harmonie relative avec Claude et Louis Mathieu, héritiers d'André. Il y a bien de 1680 à 1699 surtout des traces de procès, mais ils sont moins à l'état aigü, et ce que nous avons dit nous a tellement gonflé qu'il vaut mieux achever ces notes sur ces personnages par les mutations fixées aux cadastres de 1680-1704-1728.

Claude Mathieu (1) hérita de son père André et de

(1) Le 23 juillet, Claude Mathieu, seigneur de Fuveau, avocat, conseiller du Roi en sa Cour, est parrain, et Thérèse d'Hugolen,

la Grand'Bastide et d'autres terres, de la chapelle de saint Jean et d'un vieux moulin abandonné « joignant » (1), acquis d'Antoine de Grasse, sieur de Montauroux.

Louis Mathieu eut aussi du même Antoine le moulin de Rives-Hautes (2) et d'autres terres aux environs de l'Arc; de telle sorte que presque toute la plaine, comprise entre les ruisseaux de la Gasté et de Rives-Hautes, lui appartenait.

Selon le cadastre de 1728, fol. 6, « le tail de Mathieu sert au conseiller de Guérin, coseigneur de Fuveau, par acte reçu chez Garcin, notaire à Aix, le 5 mai 1744 ».

— Le 6 mars 1749, Marguerite de Guérin, dame de Boutassy, marquise de Châteaularc, est marraine et son époux, Jacques-Bruno-Valentin de Boutassy, parrain, au baptême de Marguerite Négrel, née le 3, dans une bastide de la paroisse de Rousset et apportée à Fuveau du consentement du curé de Rousset « sur la difficulté de passer la rivière de l'Arc qui sépare ladite bastide de sa paroisse ».

« L'an 1767 et le 11 janvier, sur les huit heures du matin, est décédé noble François de Guérin, âgé d'environ quatre-vingt deux ans, fils de feu Messire Alexandre de Guérin (3) et de feue dame Gabrielle de

marraine, au baptême de Claude Vidal, fils de François, travailleur de Fuveau.

(1) Ce moulin avant été déclassé par Mathieu, une délibération du 8 juillet 1676 se réserve de le class r encore, s'il venait à être remis en fonction.

(2) Rives-Hautes, Conf. *Trets*, p. 73. — C. 696, St. V.

(3) Aux archives municipales de Fuveau se trouve, du 5 octobre 1685, une requête pour noble Alexandre de Guérin contre Antoine Barthélemy, marchand ! »

Séguiran. Il a été enseveli le lendemain dans le cimetière de la paroisse. Témoins : Noël, Christophe, Isnard, notaire royal, et Louis Vitalis, travailleur, qui
ont signé avec nous.

Rougon, curé (1) ».

— S'il est fait légère mention des Guérin, vivant
humblement et silencieusement à la Grand'Bastide,
les Boutassy ont une place plus grande dans nos archives.

Après avoir fait ériger en marquisat la terre de
Châteaularc par lettres du mois de septembre 1687,
enregistrées le 14 mars 1688, Charles de Boutassy,
trésorier-général de France, à Aix, exerça une im-
mense influence à Fuveau. Châteaularc appartenait à
la paroisse de Rousset. Le marquis y créa une chapelle et c'est presque toujours vers Fuveau que tour-
nent ses chapelains (2). D'ailleurs les curés de Fuveau
sont souvent appelés à Châteaularc, et nos actes accu-
sent de très fréquentes relations entre les deux localités.

« L'an 1688 et le 25 octobre, a été baptisé Charles
Lioutaud de Châteaularc, fils à Claude et à Marie
Négrelle, demeurant audit lieu, né le même jour. Le
parrain a été Charles de Boutassy, marquis de Châteaularc, et la marraine Valentine de Boutassy...

Vitalis, vicaire ».

(1) Etat-civil de Fuveau.
(2) Ils aimaient la paroisse de Fuveau comme la leur propre.
Souvent ils y venaient à leurs cérémonies, à leurs fêtes... et
plusieurs même voulurent y être enterrés. Citons, au moins,
Messire Adrien de la Roche, « chapelain de Châteaularc, enseveli
le 28 janvier 1697, au-devant de la chapelle de Saint-Michel ».

« L'an 1708 et le 15 décembre, par nous, soussigné, a été baptisée Clère Mallet, fille d'Antoine et de Marguerite Bourrely, née le même jour. I e parrain a été Charles de Boutassy, seigneur de Fuveau, Rousset et autres places ; la marraine dame Clère de Théric, épouse dudit marquis, ayant fait servir à sa place Anne Vadon... Ledit baptême ayant été fait dans la chapelle dudit marquis, sise à Châteaularc, par permission de Monsieur du Chaffaud, conseiller au l'arlement, et vicaire-général de Monseigneur l'Archevéque d'Aix.

Rossolin, vicaire ».

Sous le rapport civil, Charles de Boutassy (1) a quelques procès avec Fuveau au sujet des tailles auxquelles étaient soumises plusieurs de ses propriétés roturières. La Cour des Comptes le condamne en 1685, mais, lui. somme la communauté le 11 mars 1675, de faire réparer le pont de l'Arc, et celui du vallat de la Gasté..

Après divers démêlés sur l'allivrement des terres de Baumouilles et des Rajols, il y a un compromis en 1703, un arrêt et un arbitrage en 1705.

Charles de Boutassy, *personna grata* de la communauté en 1706, devient premier consul.

Le règne de Louis XIV pour avoir de l'argent créa l'office de maire que les communes ou des particuliers achetaient.

Charles de Boutassy ne se plaisait pas avec le joli

____

(1) Il essaya de faire de Châteaularc une communauté indépendante, comme le prouvent certaines petites traces de papiers communaux. Mais des renseignements sur ce point doivent, encore une fois, être placés ailleurs.

chaperon des consuls ; il voulut acquérir le titre de maire et lieutenant de maire pour Fuveau. Aussi, avons-nous, dans les archives, une copie de transaction passée avec ledit marquis et la communauté « par laquelle est remis l'office de maire à ladite communauté ensemble l'arrêt du conseil d'Etat ensuite de ladite transaction pour ladite communauté, 18 juin 1708 et 26 février 1709 ».

Jacques Valentin de Boutassy-Guérin, seigneur de Fuveau, possède la Grand-Bastide, une partie des Rajols, Bellevue, Rives-Hautes, etc... Il vend des terres nobles près de l'Arc (à Cheilan, à Brest de Beaurecueil), et entend les compenser par des roturières. C'est pourquoi il demande, en 1774, à la communauté de Fuveau la compensation légale.

Son fils Charles-Probace François-Bruno de Boutassy est baptisé à Fuveau, le 16 juillet 1770. Sa mère, épouse de Valentin de Boutassy, est Françoise-Adélaïde Garcin.

Ils eurent un autre fils, ondoyé dans leur château, par permission du vicaire général, l'abbé de Pierrefeu, le 29 novembre 1779, et auquel on suppléa les cérémonies du baptême en l'église de Fuveau, le 5 février 1775. L'acte dit que le père et la mère présentèrent l'enfant qui fut appelé Bruno-Jacques-Valentin de Boutassy-Guérin.

Le cadastre de 1777 trace à Jacques-Valentin de Boutassy un domaine notablement supérieur à tous les autres seigneurs, et dans l'encadastrement des biens nobles, en 1790, nous lui comptons plus de 20 pièces de terres sans le rouleau des censes : four à la rue de Nice, moulin à vent à la Bosque, moulin à eau à Rives-Hautes, bastides de Saint-Jean, Grand'Bastide, etc...

La Révolution trouve de Boutassy à son poste. Il ne quitte pas le pays, quoiqu'on le surveille et qu'on le traite en suspect. Nous lisons, dans la séance du 18 décembre 1792, que Jourdan, maire, nomme le citoyen Grenier pour l'arbitrage qui doit être fait entre la commune et le citoyen Boutassy.

Au conseil du 2 février 1793, J. Vitalis, maire, dit que le citoyen A. Grenier « demande qu'il soit fait des recherches des titres de la commune, dans les archives, au sujet des contestations que la commune a avec le citoyen Boutassy sur les terres de la Grand'Bastide ».

Le 1er vendémiaire, an III, de la République, A. Long, maire, annonce au conseil « que en vertu du jugement du 6 messidor enregistré le 3 fructidor, concernant les terres gastes du citoyen Boutassy, il est de toute nécessité de nommer un commissaire pour se porter à Aix. à l'effet de faire venir un porteur de contrainte avec deux témoins pour venir prendre possession des terres gastes dudit citoyen Boutassy en faveur de la commune de Fuveau, et le faire signifier audit Boutassy, et a proposé pour remplir l'objet de cette mission le citoyen Honoré Long ».

A la date du 20 frimaire, an III, il est dit :

« On a coupé 200 chênes au domaine de Boutassy, 30 à Monsieur de Cabre, au quartier des Rajols, 12 aux terres de Joseph Vitalis ».

Le 26 octobre 1806, Mademoiselle Adélaïde Boutassy « déclare à la mairie, qu'elle vient rester à sa campagne de la Grand-Bastide (1) ». Elle épousa Joseph-Philippe-Menut de la Verdière (Var).

« Le conseil municipal de Fuveau assemblé aujourd'hui, 2 août 1829, délibère sur la demande formée « par MM. Chaubet, d'Oraison et Menut représentant « les hoirs de Monsieur de Boutassy et de Monsieur « de Guérin, relativement à quatre créances envers la « commune de 7.327 l., d'après les titres constitutifs.

« Vu la loi du 24 août 1793 qui déclare les dettes « des communes dettes nationales, les décisions du « Conseil d'Etat sur la matière, a délibéré à l'unani- « mité que la commune se trouvait libérée de ladite « créance, bien antérieure à ladite loi de 1793...

Dépousier, maire.

— Anne de Montaulieu, dame de Fuveau et de Saint-Paul, avait épousé Louis de Puget, seigneur de Fuveau et de Saint-Paul. Louis de Puget (2) possédait les Rajols en 1641, et Jean de Puget acheta la Bégude, en 1610, de Laurent Ventron.

Nous savons ces deux domaines entre les mains de Messire d'Hermitte en 1683, et nous continuons à les y voir, en 1688, 1689, 1690, 1701 (3), 1702...

Par ailleurs, La Chenaye-Desbois et Badier nous

---

(1) Monsieur Chaubet, propriétaire de Châteaularc, par sa femme Emilie de Boutassy, en la même année 1806, fait, à la mairie, la déclaration de venir se fixer en ce château, avec sa famille ».

— Alexandre... Fulques d'Oraison s'était marié à Claire-Françoise-Valentine de Boutassy-Guérin (N. R.).

(2) Voir à l'article *Puget* et à l'article *Pénitents de Fuveau* ce qui regarde ledit Louis de Puget.

(3) En 1701, le Procureur du Roi « ordonne la saisie contre Messire d'Hermitte, faute par celui-ci d'avoir prêté hommage à la Cour des Comptes, pour la communauté de Fuveau ».

apprennent que la femme de Messire d'Hermitte, seigneur de Belcodène « s'appelait Anne de Montaulieu, nièce d'Anne de Montaulieu, épouse de Louis de Puget ».

Tout cela nous explique les relations ou transmissions seigneuriales des domaines précités.

Messire d'Hermitte eut un sérieux conflit, en 1700, avec Charles de Boutassy au sujet de la bastide des Rajols que celui ci prétendait mettre dans le terroir de Châteaularc, alors que la communauté de Fuveau montrait sa dépendance de Baumouilles. Enfin, privé d'enfants et de sa femme, il mourut à Auriol en 1721 (1), après avoir, dans bien des circonstances, rendu d'excellents offices aux habitants de la commune de Fuveau dont il avait été maire.

— Jean-Baptiste de Cabre-Roquevaire (2), Président à mortier au Parlement, reçut la succession de Nicolas d'Hermitte, seigneur de Belcodène, par testament d'Anne de Fortia de Pilles, héritière (3). Gendre

---

(1-3) Monographie de Belcodène, par de Gérin-Ricard (p. 52 et suiv.).

(2) Dans les archives d'Hupays nous lisons :

— Sentence pour le sieur de Cabre de Saint-Paul contre les hoirs du sieur de Roquevaire (mai 1609).

— Arrêt du Parlement de Grenoble rendu en faveur de Monsieur le Président de Cabre de Saint-Paul, contre Louis de Puget, coseigneur de Fuveau (4 mars 1630).

— Sentence du lieutenant des soumissions rendue en faveur de dame Marguerite de Cabre, dame de Fuveau (15 octobre 1639).

— Transaction entre dame Marguerite de Cabre, dame de Fuveau, et les hoirs de Louis Grollier représentés par Claudette Laugier, sa veuve, portant quittance en faveur desdits hoirs des arrérages de la vente d'un jardin à Fuveau appartenant à ladite dame (29 décembre 1655).

— Vente par la dame d'Oraison de Caderousse et par la dame de Longchamp, sa cousine, à Monsieur le Président Thomassin

de cette dernière, morte en 1767, Jean-Baptiste de Cabre décéda en son château de la Pomme, paroisse de Fuveau, le 4 novembre 1774.

Il laissa pour fils : François-Marie-Jean-Baptiste, marquis de Cabre. Il épousa Anne-Reine-Nicole Le Camus, fut Président au Parlement et resta coseigneur de Fuveau jusqu'à la Révolution.

Le cadastre de 1777 lui donne des terres à la Foux, à la Lauve, la bastide des Rajols, de la Bégude, etc. —

Dans l'encadastrement de 1790, ces mêmes domaines, d'une grande étendue, lui sont attribués, mais c'est pour la dernière fois. Il émigre, en effet, comme tant d'autres de ses collègues, et ses biens de Fuveau sont vendus, ainsi que le relate le rapport d'estime des archives des Bouches-du-Rhône.

— « Noble Pierre de Séguiran, conseiller du Roi, achète à Jean de Peysonnel, écuyer de la ville d'Aix, le domaine de Bramefan. En même temps lui sont transportés deux jours de juridiction haute, moyenne, basse mère mixte et impère du lieu et terroir de Fuveau, droit d'instituer et de destituer officiers, et tous droits et devoirs seigneuriaux, dépendant de ladite juridiction de laquelle les deux jours désemparés par

de Cabre, de Saint-Paul, des terres, prés et bâtiments faisant partie de la bastide *la Pugette*, a terroir de Fuveau, de l'héritage de noble Louis de Puget, ne relevant que du Roi, et possédés noblement par ledit sieur de Puget, pour le prix et somme de 6 000 l. (16 février 1714, notaire Martin à Aix).

Dans les archives de Fuveau, nous lisons aussi :

— Dame Marguerite de Cabre possède une maison à la rue de Mounet-Miou et confrontant le château des Vitalis. — Cadastre de 1658.

— Cazarnet de la taille de 1709 : Thomassin de Cabre.

— État de la taille de 1714 : Hoirs de M. le Président Thomassin de Cabre — 77 l. »

le présent acte font partie de ceux acquis par ledit Peysonnel de l'hoirie du sieur de Puget, coseigneur de Fuveau.

Ce domaine est cédé au prix de 6.000 livres que ledit Séguiran payera à noble Pierre Vitalis acompte de 9 000 l. que lui doit J. de Peysonnel.

Il a pour confronts : au midi, Gouste-Soulet ; les Amandiers ; au levant, le vallat de la Marine ; au couchant, et du nord, la Roquette (1). »

Bramefan passa à l'abbé de Séguiran, vicaire-général de Narbonne. Il le vendit, le 20 novembre 1776 (2), à Joseph Long. négociant à Fuveau, qui devint ainsi coseigneur.

Le prix fut conclu à 8.000 livres. Sur ce, 6.000 livres furent données à l'abbé, et une pension viagère de 100 livres fut servie aux sœurs de l'abbé, sainte Tulle et saint Stanislas, religieuses de la Miséricorde à Aix. Après leurs décès, 2.000 livres furent remises à Justine de Séguiran, veuve du sieur Jean de Paul, demeurant à Barjols (Var).

Le nouveau coseigneur J. Long acheta d'autres terres importantes à la Barque, acquit de Denys Barthélemy, aux Plaines, « une propriété culte et inculte ensemble les mines de charbon qui peuvent s'y trouver dans l'intérieur d'y celles », possède une belle maison, hors la porte de Fabre, bastide, vignes et vergers au Pont, etc.

En 1790, les experts Amalbert et Toussaint encadastrent toutes ces terres nobles, sans omettre de

(1) Notaire Fédon, Aix. — Acte du 30 octobre 1714.
(2) Notaire Isnard, à Fuveau.

mentionner « 139 livres, 5 sous, 8 deniers, 6 panaux, 6 picotins de blé de cens que divers particuliers lui font ». Sous la Révolution, Joseph Long donna de grandes pieuves de patriotisme, comme le prouvent plusieurs certificats communaux.

— Enfin le cadastre de 1777 et l'encadastrement de 1790 nous signalent le nom d'Etienne Barthélemy, coseigneur de Fuveau.

Ces documents lui attribuent :

1° Plusieurs maisons attenantes, pigeonnier, jardin et régale, hors la porte de Fabre, confrontant : du levant, Isnard, notaire, et la rue ; du midi, le passage et le cul de sac ; du couchant, ledit cul de sac, château dudit sieur alivrant et Jean-Baptiste Jourdan ; du septentrion, Jean Belon, Reynaud. Le tout contient 212 cannes, estimé 218 livres.

2° Terre au Rieret, confrontant le coseigneur Joseph Vitalis, prêtre, et contenant 200 cannes faisant une panal, estimée 2 livres, 5 sous.

. . . .

— Complétons cette galerie des seigneurs de Fuveau par la mention des quelques autres forains ou principaux propriétaires dont les noms subsistent encore dans certains quartiers cadastraux...

Ballon, avocat, conseiller du Roi, avait sa bastide au Graminier ou La Marine (1).

(1) Voici les noms de quartiers territoriaux de la commune : Font du pré, le Rieret, la Rouquaude. La Foux, Barralette, Espinades. Fondaux, la Pevrière. Pan Perdu, La Croix du Pont, Masse, le Pin de Luquet, Rives-Hautes. Bonfils, la Grand'Bastide, Valon d'Aliman, Fontaine d'Aurimie. Lauvas, Plan de Gounèle, Plaine de Chapus, le Graminier, Mont de Gardane, La

Sauveur Long, dit le cadastre de 1728, fit appeler *Sauvaire* le lieu où sa famille s'établit, se multiplia.

Bassac, bourgois au XVIe siècle, avocat, etc., nous demande d'inscrire le Jas de Bassac, la porte de Bassac.

Masse, entrepreneur maçon, le chirurgien Bellevue, la maison des Anglins, laissent leurs noms à leurs campagnes.

Un acte de 1734 nous informe que Gouste-Soulet appartenait aux Séguiran, avocats, après avoir été antérieurement aux Rascas.

François Reynaud était à Rives-Hautes au XVIe siècle, et André Moutte, notaire, aux Fondaux, au XVIIe siècle. Pierre Braquetti et Audibert, avocats, sont au mont de Gardane, Les Caudier à la plaine de Mérindol, etc., Joseph Perrin, avocat à la Cour, François Diz, procureur, aux Espinades.....

Avec tout ce qu'avaient accaparé les notables, après les seigneurs, l'observateur devine aisément combien devaient être minimes et de mauvaise qualité les portions territoriales réservées aux 800, puis aux 1000, ensuite aux 1200, enfin aux 1 400 habitants de Fuveau. Et cependant, avec ce morcellement indéfini, avec cette infériorité frappante du sol et du capital, le contenu du chapitre suivant va nous dire ce que fit cette population, et où elle arriva, à la fin du XVIIIe siècle.

Marine, la Roquette, Saint-Paul (sous la fabrique d'acide sulfurique), la Barque, Bramefan, les Amandiers, Long Col. Les Plaines, Jas de Bassac, les Angelins, Baumouilles, Châteaularc, Bellevue, Rajols, La Laure, le Planon. .

CHAPITRE V

La commune de Fuveau. — Son origine, ses tours et remparts; son administration, ses luttes. — Hôpital de Fuveau. — Archives. — Création des hameaux et vignobles. — Fabriques d'eau-de-vie, de savon ; charbonnages. — Passages de troupes. — Diverses créations du règne de Louis XIV. — Enchères de la boucherie. — Peste de 1720. — Hygiène locale. — Emplacements successifs de la mairie — Maîtres d'écoles. — Fête de Saint-Michel. — Développement des mines. — Relations avec Aix et Marseille.....

A l'époque carlovingienne, la population se transporta du point où se trouvait l'église du quartier Saint-Michel, et une nouvelle église paroissiale, sous le même vocable, fut bâtie plus tard, peu avant ou peu après l'an mil (1).

(1) Quelques témoins de la démolition de l'ancienne église, opérée au milieu de ce siècle, nous ont assuré d'avoir vu l'inscription MI sur une pierre murale engagée aujourd'hui dans la maçonnerie intérieure qui domine le maître-autel paroissial.
— Voir les chartes citées au chapitre I.

Petit à petit, à cause surtout des guerres sarrasines et féodales, l'émigration déplaça l'agglomération ancienne, et l'on éleva, au village actuel, une tour, symbole aimé de la puissance (1), un château-fort, protégé de ses barbacanes (2) — *antemurale*, — des remparts (3), dont on aperçoit encore les ruines, percés, d'abord, de deux portes, Mounet-Miou ou Fabre, à l'orient, Barbière ou Bassac, au midi (4).

L'église et les remparts appellent les pasteurs et cultivateurs de toute la contrée. Ils accourent, en ces longs siècles troublés, en cette époque encore fort incomprise du moyen-âge, se mettre à l'abri des « barri », sous la protection des seigneurs et la direction ecclésiastique.

Privées de secours et de défenses, nos populations s'adressent naturellement aux « possédant-fiefs », seuls capables de les soutenir dans leur isolement. Elles, en

(1) Dans plusieurs reconnaissances des XVᵉ et XVIᵉ siècles est indiquée l'existence d'une *tour* près la porte Fabre. Le 24 février 1561, Etienne de Puget exige es droits sur un jardin, au pas de ladite *tour* ; le 29 mars 1516 « bail de Jacques Puget à Jacques de Flotte, prêtre de Roquevaire, pour un casal, place de Clastre, confrontant les remparts, la *tour*, le château, l'église paroissiale, etc., etc.

(2) Ouvrage avancé pour la défense du portail de Bassac et de la *tour*, près du portail de Fabre. Il en est souvent question dans les papiers qui sont sous nos yeux...

> « Par defors les murs du chastel
> Ses barbacanes fist drecier ».
> DUCANGE

(3) Les « barri », les remparts, sont la continuelle préoccupation des seigneurs et de la communauté, ainsi que nous en avons la preuve dans une multitude d'actes concernant Fuveau.

(4) Le portail neuf — au nord — n'a été ouvert qu'au XVIIIᵐᵉ siècle, si bien qu'en 1669, dans les réparations des remparts faites par Louis Jourdan, maire, il n'est question sûrement que de *deux* portes.

Quant au passage occidental, il date du XIXᵐᵉ siècle.

retour, par esprit de solidarité, cultivent les campagnes, se constituent les serviteurs, les serfs ou vassaux.

A l'encontre du système romain qui éparpillait les villas dans la campagne (1), les simples maisons médiévales, isolées à travers les prairies de la plaine de l'Arc, et les vignobles des Amandiers, du Mont de Gardane et des Rajols sont fort rares. Elles s'entassent, au contraire, dans l'enceinte murée, à cause de l'insécurité des temps, et forment les quelques rues (de Nice, du Couvent, de Mounet-Miou, etc.), sans alignement régulier, qui durant près de 1.000 ans vont aboutir aux places du Postau ou Postel, de l'église, de Saint-Paul... — En sortant des remparts, le regard plonge sur la Font-du-pré, le Grand-vallat, la Roquaude ou les Vergers, Roquemartine ou les Ginestières, Saint-Michel, et plus loin, la montagne de l'Etoile, le *Mons-Celeus* et la ceinture si curieuse du Cengle (2), enfin le rideau blanc de Sainte-Victoire

Cette station de Fuveau très saine, et d'un panorama si varié, fut la possession d'un grand nombre de petits seigneurs qui, par leurs « franchises » retiennent et encouragent les habitants. A une « criée seigneuriale »

---

(1) Ainsi que nous l'avons démontré au commencement de cette étude et dans nos publications antérieures, les Romains ont laissé dans notre *Val de Trets* d'innombrables vestiges de leurs établissements disséminés un peu partout, dans les meilleures et plus fertiles positions. En sorte qu'aujourd'hui beaucoup de nos vieux châteaux ou bastides sont construits précisément aux environs des emplacements gallo-romains.

(2) Le Cengle avait pour divinité éponyme le dieu *Celeus* Voir la récente découverte de notre inscription relative à ce dieu *(Revue Epigraphique*, t. II p. 50, n° 831), et l'application qu'en fait l'éminent M Camille Jullian *(Revue des Etudes Anciennes*, 1900, p. 233 à 236).

très libérale était venue s'ajouter l'exemption de tout droit d'albergue (1) ».

Nous lisons qu'en 1259 le baile ou administrateur des intérêts des seigneurs de Fuveau est présent dans la fixation des limites entre les communautés de Fuveau et de Gréasque. Il intervient dans les affaires de la seigneurie, règle des questions de police et certains différends pendants entre le peuple et les châteaux (2).

Au XIV⁰ siècle la communauté de Fuveau se trouve comprise dans le rôle des dîmes, et les syndics, Féraud et Ricard, prêtent hommage le 21 décembre 1437 (3). Un acte de 1402 nous signale un bail conclu sur *la place* de l'église de Fuveau, et nous informe que, au beau temps, les assemblées communales n'avaient pas d'autre lieu de réunion. Il est délibéré, en 1473, « la construction d'un pont au vallat de Favaric tirant sur le chemin de Fuveau ; » et une pièce du 14 juin porte que la dépense fut payée par Saint-Victor et la communauté de Fuveau conjointement avec la viguerie.

Les Puget nous ont laissé aux XV⁰ et XVI⁰ siècles des traces très suivies et très précises de leurs relations avec le corps communal. Ils avaient plusieurs maisons dans le pays, un château, la tour, quelques jardins sous les « barri » ; et, sous leur juridiction, des censitaires multipliés. Les agriculteurs sont devenus fer-

(1) Archives municipales, années 1246, 1374.
(2) Cart. de Saint-Victor.
(3) Archives de Saint-Victor et archives d'Hupays.
— « Les chasses des reliques de Saint-Victor de Marseille furent dépouillées subrepticement d'une partie de leurs pierreries pendant leur séjour au prieuré de Fuveau où on les avait mises à l'abri (?), lors des invasions des Catalans ». Revue Hist. de Provence, mai 1901. M. Raimbault. — Or, mêlé à cette triste affaire se trouve précisément un *Ricard* ou *Ricaud* de Fuveau.....

miers perpétuels, et, en attendant d'être ménagers, puis vrais propriétaires, ils se soumettent aux redevances, la plupart du temps minimes, de leurs maîtres tout puissants (1).

En 1514 « l'université des hommes de Fuveau » c'est-à-dire la population ayant à sa tête les administrateurs du pays, des hommes probes, des chefs de famille considérés, comme les laboureurs et forgerons Jacques Barthélemy, Pierre Caudier, Jean Ribot, etc., demandent et obtiennent des conditions plus douces pour la location du four féodal situé aux « establons » de la rue de Nice.

Avec le document latin qui relate ce fait nous trouvons encore les quelques indications suivantes sur ce siècle.

Un petit hôpital, déjà florissant, pourvu et doté existait à Fuveau avant 1527 (2). Il était situé sur la « placette » de Nice et tout près du portail neuf.

En examinant les quelques immeubles qui en dépendaient (3), nous avons observé qu'à ce moment le partage des terres et des maisons était très fréquent. A chaque page du cadastre il y a : moitié de maison à

(1) Directes, censes, reconnaissances, investitures sont en nombre infini, dans les papiers privés de l'époque et surtout dons les archives hospitalières des anciens seigneurs qui ont été mises à notre disposition. Le plus petit coin de terre roturière, nne maisonnette ou casal, est inscrit en « redevance ».

(2) Arch. com. — Documents latins. — Etat-civil de 1680, 1710, 1711, 1733, 1763, 1765, 1770, etc.

(3) « Cet hôpital avait une rente de 36 livres destinées à marier de pauvres filles. Cette somme était souvent employée à soulager les pauvres, lorsque dans l'année il ne se présentait pas une fille à marier qui soit de l'œuvre. » — « Le premier consul sortant de charge fait la quête dans l'église pour les pauvres malades, et le produit est employé à les soulager. »

Les directeurs de l'hôpital y admettaient les ma heureux des pays voisins. Rousset en envoyait souvent.

un tel ; moitié de jardin, tiers ou quart de cette terre à un tel... — Et ce morcellement très multiplié se remarque dans les actes des notaires de Fuveau qui nous apprennent aussi avec quel soin minutieux on cultivait les jardins, les prairies des environs du village. Tout habitant désirait en posséder un carré, fut-il si étroit que l'emplacement d'un casal.

Les guerres de religion et de parti obligeaient alors à réparer fréquemment les remparts (1), et cette place de Fuveau, avec ses remarquables fortifications naturelles, devint importante, à cette époque de luttes incessantes. Aussi, voyons-nous que les exacteurs de l'impôt augmentaient leurs taxes ; et les habitants sachant l'ennemi rôder autour d'eux, 1537, 1590, etc., se résignent aux nécessités de l'heure présente. Quoi de plus équitable que la confection d'un cadastre où tous les biens roturiers, sans exception, soient imposés indistinctement ! Cependant, si les forains de 1597, si les Rodulfe, les Vitalis, les Foresta, les Bédarride, les Papassaudi, les Puget, les Lavalette, les Pères Minimes, viennent payer les contributions, que de procès, leurs successeurs ou leurs collègues engageront contre la commnnauté pour essayer de s'y soustraire !

Les admirables consuls de Fuveau, qui, quelquefois, ne savent ni lire ni écrire, sont des merveilles d'énergie et des modèles d'administrateurs. Ils agissent, ils empruntent, ils bataillent, ils triomphent ! Fastidieux serait de rappeler ici la série presque inépuisable des chicanes seigneuriales que nous avons fait soupçonner ailleurs ; mais une conviction nous reste c'est

(1) Documents des Puget et documents communaux.

que Fuveau a eu trop de forains, avocats influents, seigneurs fortunés ou jaloux.

Avec le règne pacificateur de Henri IV, les ruines se relèvent, la peur s'éloigne, les campagnes sont habitées, les industries surgissent, la tenue des archives progresse.

Guidé par l'inventaire (1) des papiers communaux qui commence l'an 1600 nous pourrons lier notre petite gerbe historique des « choses » de Fuveau ; mais combien plus belle elle serait, plus variée, plus parfumée, si les documents cotés se trouvaient encore en place ! Hélas ! il manque beaucoup (2) ; et surtout nous n'avons presque plus rien de suivi sur les 98 feuilles du répertoire, d'une part (de 1600 à 1700), et les 11 feuilles, d'autre part (de 1700 à 1775) (3).

(1) « *Inventaire de tous les papiers et documents de la communauté du présent lieu de Fuveau qui sont dans les archives d'y celle reposés en une armoire dans la sacristie de l'église paroissiale* (et la mairie donc ?) *dudit lieu fait ensuite de diverses délibérations du conseil, et d'une ordonnance de M. Roubaud subdélégué de Monseigneur le premier Président et Intendant de cette province.*

La délibération porte pouvoir à nous M. Joseph Vitalis, maire de ladite, Barthélemy Bonnefoy dudit lieu et Hyacinthe Lambert, greffier, de faire ledit inventaire, auquel avons procédé ainsi que s'en suit, et trouvé les pièces suivantes. »

(2) Où est le livre *des Délibérations* (couverture parchemin) commencé le 30 novembre 1575 et fini le 12 février 1601 ? — Où est celui (couverture en parchemin aussi) qui débute au 20 décembre 1620 et se termine au 30 juillet 1629, etc. etc. — Où sont tant de pièces intéressantes annoncées ? — Et le petit cadastre de 1487 et le grand cadastre de 1569, 1603, 1658, 1680, etc...

Sans doute nous plaignons plus la disparition de toutes ces sources d'informations précises que les quatre fusils en bon état laissés en 1700 aux archives municipales « plus le garniment des dits fusils pour y tenir la poudre, ayant ceinturon de cuir pour les mettre au col... Encor six espèces fort bonnes avec leurs fourreaux mis le tout dans la caisse des archives servant à la communauté de Fuveau. »

(3) « Inventaire des papiers, titres et documents du présent lieu de Fuveau, remis dans les archives de l'Hôtel-de-Ville *fait de*

Le temps en développant le sentiment de l'indépendance, du respect de la propriété, appuyé sur le devoir, développe aussi, dans le périmètre communal, la création des hameaux et des bastides. Non seulement autour des quelques châteaux de la Pugette, de la Grand'-Bastide, de Châteaularc, de Baumouilles, se bâtissent des fermes, mais la sécurité fait germer, pour ainsi dire, des bastides, dans les endroits les plus écartés : Gouste-Soulet, la Bégude, ménage et Jas de Bassac, Masse, les Angelins, Rajols, Bellevue, Ballon, Braquetti, Chapus, la Roquette, Saint-Paul, La Barque (1) etc...

A l'imitation de Trets qui, à ce moment, prospérait avec ses industries de drap et de tannerie, Fuveau voit monter sa population jusqu'à 800 habitants. Ses côteaux, plantés de vignobles, favorisent les établisse-

neuf, et au rez-de-chaussée en entrant, y ayant chambre où l'on assemble les membres du conseil, et une autre petite chambre servant d'archive où les papiers sont rangés sur des étagères, liasses par liasses, ainsi que suit. »

(1) La plupart de ces noms rappellent les propriétaires de ces campagnes, ainsi que nous l'avons dit précédemment ; quant au nom de La Barque nous le trouvons dans un acte de 1661. C'était une terre roturière, dépendant de la directe des Rodulfe. Nous savons par ailleurs, avec certitude, que des sources nombreuses (Font de l'Orme, de Boutin, de la Sauge etc.) rendaient ce quartier tellement propice aux prairies et même aux marécages que les seigneurs de la Grand-Bastide avait mis un gardien de *bœufs* dans cette localité.

La Barque, du côté gauche de l'Arc, fait penser à *Bachasson*, du côté droit. Ces deux termes éveillent l'idée d'un bac, avant la construction et plus tard pendant les réparations du pont sur l'Arc. Le fait est si certain que nous avons vu durant la Révolution, lors de la rupture (ventôse an V) dudit pont, les autorités « requérir plusieurs charrettes et y mettre quelques planches dessus pour faire passer un bataillon allant d'Aix à Roquevaire. »

— A noter que Meyreuil à qui *Bachasson* appartient contribua à la facture dudit pont de l'Arc en 1686, selon une convention de l'époque.

ments de distilleries, et ses mines de charbon, dont tout son territoire est rempli, commençant à être utilisées, occupent déjà quelques ouvriers.

Dans la première moitié du XVII⁰ siècle, en effet, des propriétaires, ayant vu, soit en cultivant leurs champs, soit en parcourant leurs collines, émerger le lignite, louent les « pereyrons » qui descendent leurs rudimentaires galeries à coups d'aiguilles. (1)

L'Etat-civil de Fuveau (2) nous renseigne, parfois, très exactement sur l'existence de ces « maîtres pereyrons », et des « charbonniers à pierre ». Qu'il est regrettable, à ce sujet, que les curés ne qualifient pas plus souvent leurs paroissiens venus auprès d'eux pour les formalités légales ou les choses d'Eglise !

Les registres paroissiaux, au début, sont on ne peut plus sobres pour les indications. Pas d'âge, pas de profession, mais des noms propres, et c'est tout. Jac-

(1) Si le charbon avait été connu par les Celto-Ligures et employé à leur forge, si les Gallo-romains l'ont utilisé, il est certain que nos prédécesseurs du moyen-âge l'avait à peu près oublié ou du moins tres peu exploité. Aussi ce fut comme une sorte de découverte du charbon en nos contrées que celle faite aux XVI⁰ et XVII⁰ siècles. — *Sémaphore* du 10 novembre 1897 — de G. R.

(2) A Fuveau se trouve sept registres de paroisse : (1642-1699) ; (1700-1716) ; (1717-1739) ; (1740-1759) ; (1760-1769) ; (1770-1779) ; (1780-1792).

Nous y avons puisé de précieuses informations dont nous avons tiré profit.

Il y a bien quelques actes où sont relatés des faits personnels, ou peu sérieux ; mais qu'ils sont rares, heureusement, des rapports de ce genre :

« Jean Vitalis, fils de Salvator et de Anne Moustier est né le 26, a été baptisé le 27 février 1734. Son parrain a été Jean Moustier et la marraine Rose Barthélemy.

A s gné le plus grand fripon qu'il y ait dans le lieu »......

Cette dernière ligne paraît *interpolée*, comme peu auparavant le qualificatif *perfide* semble bien ajouté au nom de l'abbé d'Astros, secondaire de Fuveau, par une plume étrangère à *la* rédaction desdits registres.

ques Vitalis, le premier vicaire perpétuel qui nous a laissé des registres, oublie, heureusement, peu à peu, son laconisme, vers 1670. Et alors apparaissent les « mesnagers », les maréchaux, les bergers, les « pereyrons », les peiriers, les « travailleurs à pierre », les travailleurs... — En 1675, nous rencontrons des « pereyrons »; en 1682, des charbonniers (1) !

Il est certain qu'avant cette date les charbonnières avaient été exploitées, et que ledit Vitalis, comme nous l'avons sûrement constaté, confondait quelquefois, les charbonniers avec les simples travailleurs. Toujours est-il qu'après cette date, jusqu'en 1700, nous saluons avec un grand plaisir d'innombrables noms de charbonniers...

Mais n'allons pas plus avant, en ce sujet, sans mentionner ce qui nous a frappé durant le siècle de Louis XIV où nous sommes. Et d'abord, le service des messageries de Fuveau à Aix, puis le service des postes (2), le passage très fréquent des gens de guerre.

(1) « Le 9 septembre 1682 a été enterrée, dans le cimetière de Saint-Michel de ce lieu, Catherine Barthélemy, fille à Étienne et à Anne Bernarde, *charbonnier*...

« Le 16 juillet 1684 a été baptisé Jean Barthélemy, fils à Guillaume et à Madeleine Scouphière, *charbonnier à p.erre* de ce lieu...

« Le 22 novembre 1686, baptême de Dominique Barthélemy, fils à Louis et à Louise Blanc, *charbonnier*...

« Le 11 mai 1687 a été baptisé Jean Barthélemy, fils à Joseph et à Anne Blanque. Le parrain a été Antoine Barthélemy, fils à Guillaume... *Très tous charbonniers*

« Le 5 mars 1688, baptême de Françoise Barthélemy, fille à Claude... *charbonnier à pierre.*

« Le 12 novembre 1687, mariage entre Antoine Barthélemy, *charbonnier*, âgé de 20 ans, et Anne Michelle.

« Le 2 août 1688 a été baptisé Sauveur Barthélemy, fils à Etienne, *charbonnier*. Le parrain a été Jacques de Peysonnel, la marraine Thérèse d'Hugolen, dame de Fuveau..., etc., etc.

(2) « Le 6 août 1688 a été ensevelie, à Saint-Michel, Claire Collomb, fille à Louis Collomb, *porteur e lettres du bureau* ». — Etat-civil.

En 1649, l'artillerie du duc de Vendôme, pendant deux jours, fit un mal considérable à Fuveau. Le 26 mars 1664, cinq compagnies du régiment de Champagne, plusieurs compagnies de Suisses et gardes du Roi sont en logement dans la localité.

Par ordre du Roi des carabiniers sont en quartier d'hiver à Fuveau l'année 1691.

En 1692, 1694, 1698, 1706, 1707, 1708, etc., nouvelles liasses de billets de logements des troupes.

La liquidation des dépenses des 13 et 14 novembre 1694 fut faite par Henri Vitalis, notaire, « qui dût payer 14 sous par tête de soldat.

Le vin à 3 sous le pot, la chair de mouton à 4 sous et le menon à 2 sous, 6 deniers, la livre ; le pain à 1 sou pièce, la paille à 14 sous le quintal. Chaque cheval avait 20 livres de paille ».

Quant aux officiers, ils payèrent eux-mêmes leurs hôtes après que la communauté leur eut donné le prix des dépenses.

La Cour, le gouvernement, pour leurs dépenses somptueuses, leurs expéditions, avaient besoin d'argent. Tout s'achète alors : titre de maire, office de greffier à l'Hôtel-de-Ville (1), office de courtier de vin et eau-de-vie, office de trésorier pour la communauté, office de commissionnaire de vin, payement de 300 livres demandé pour le droit d'armoiries, sur l'arrêt du conseil d'Etat (2), droits d'hommage, ou

---

(1) Archives communales, 1692-1698-1709.
(2) La copie du commandement de payer lesdites 300 livres pour les armoiries de Fuveau est du 13 mai 1697. Ces armoiries de Fuveau sont « d'azur à une *fuvelle* ou boucle de ceinturon d'or posée de face en abîme, accostée de deux palmes de sinople (Achard) ».

de saisie en cas de refus, office de la boucherie....

Au nom de la commune, il y avait, chaque année, les enchères de la boucherie. Voici un specimen de l'opération. Il est du 28 février 1706.

« Après les vêpres, sur la place publique de Fu-
« veau, Fouque, fidèle serviteur du conseil munici-
« pal, va crier à organe de voix, par tous les lieux et
« carrefours. L'assemblement se fait sur la place. Bon-
« nefoy, consul, Achard, greffier, et le lieutenant du
« juge pour le seigneur de Boutassy (1), sont présents.
« Diverses criées sont faites ainsi que proclamations.
« Personne n'enchérit sur les 3 sous, 6 deniers, pour la
« livre de mouton; 2 sous, 6 deniers, pour le bœuf.

« Renvoyé au dimanche suivant.

« Le 7 mars, deuxième enchère. Le brave Fouque
« repart, mais personne ne se présente.

« Enfin le 14 mars, Sibeau, d'Aix, offre 3 sous, 4
« deniers, pour le mouton, et 2 sous, 4 deniers pour
« le bœuf et le menon, chaque livre.

« Quant à la grosse chair, elle est livrée à 2 sous, 2
« deniers, la livre.

« L'enchère lui est adjugée ».

Avertis et parfaitement prévenus par la peste de

(1) Les divers coseigneurs avaient leur temps respectif de juri-diction — ainsi que nous l'avons remarqué ailleurs — et chacun tenait généralement un baille ou lieutenant de juge. Entre eux, ils avaient fait des transactions à ce sujet pour éviter toutes con-testations. — Archives des Puget.

Quelquefois un seul lieutenant de juge — par exemple Joseph Vitalis en 1758 — tenait l'autorité de tous les seigneurs à la fois.

Voici quelques noms de ces bailles (bailes ou bayles): Pierre Bar-thélemy, 1665, Astorge Bernard, 1676, 1677, François Guilhen, 1697, 1698, 1700, 1702, 1707, 1710, 1713... 1737. Joseph Bonnefoy, 1744... 1775. Un autre François Guilhen, 1767. Granier, 1788...

1630, qui avait fait certains ravages à Fuveau (1), les consuls prescrivent de sévères précautions en 1720, font des provisions de blé très abondantes, mettent un poste d'observation à l'entrée du pays (2), ordonnent d'allumer de grands feux... — Aussi Fuveau est épargné. Les chirurgiens, que le pays avait toujours dans ses murs, ou, qu'en leur absence, ils faisaient appeler de Gardanne et même de Puyloubier, sont d'un dévoûment remarquable. Ils s'attachent à leurs clients et sont, en général, en très bonne intelligence avec toute la société de Fuveau. — Une remarque identique est à faire pour les notaires qui instrumentent raisonnablement en ce lieu et font le plus noble usage de leur influence.

D'accord avec ces bourgeois, le maire et conseil de 1726 « en souvenir du récent choléra, délibère qu'il n'y aura plus de *pourcieux* ni de cloaques dans le pays ; qu'on rendra les rues propres et praticables, car ces *pourcieux* pour les cochons sont devant la plupart des maisons... Si les particuliers ne veulent pas combler ces trous, s'ils résistent, on le fera à leurs frais ».

La maison commune avait été depuis quelque temps transportée de la grande salle du couvent à la rue de

---

(1) André et Gonnore furent accusés d'avoir donné et entretenu la peste à Fuveau en 1630. Barcillon, avocat à la Cour, plaide pour la communauté dans cette affaire. Il fait demander « par *Lettres royaux* de janvier 1631 » 112 livres, que la communauté est obligée de lui fournir.

(2) « L'an 1721 et le 4 août, avons baptisé Jacques Suzanne, fils d'Étienne et de Claire Michel, né le 25 *juillet dernier*, attendu que la bastide des Rajols, de ce terroir, avait *été consignée*, à la porte de ce lieu, n'ayant pu être baptisé qu'aujourd'hui.

Car, prêtre ».

Nice (1); mais le règlement portant que le conseil comptera toujours trois propriétaires des plus allivrés et des membres dont la parenté soit à un degré très éloigné gêne les élections. On demande en 1718 une modification à la Cour afin d'avoir plus de latitude dans le choix des éligibles.

Ils tiennent scrupuleusement à leurs privilège et liberté, nos consuls, et quand il arriva aux curés de remplacer irrégulièrement les marguilliers du *Corpus Domini*, ils n'hésitent pas à faire casser l'élection par la Cour.

Le fait arriva notamment au bachelier en théologie Rougon. Il dût faire assembler les officiers de justice, les principaux habitants, desquels sont les consuls, les marguilliers de l'année précédente. Tout ce monde se présenta au banc de l'Œuvre et dans la sacristie. Les marguilliers nouveaux, présentés par les anciens, furent élus à la pluralité des suffrages (2).

L'hygiène de l'eau inspire cette délibération de 1780.

« Considérant que les habitants de Fuveau étant obligés de se servir pour boire de l'eau de la rivière de l'Arc qui découle près du village, il est de l'intérêt qu'il n'y soit point lavé des lessives: que c'est pour prévenir de pareils inconvénients que le 9 avril dernier le conseil général de la communauté portait pro-

---

(1) Voir le cadastre de 1680, de 1704 ; voir encore une curieuse délibération du 25 juillet 1714 « dans la salle communale du couvent »... — Verdet, avocat, donne pour 15 livres une consultation relative à l'acquisition d'une place à l'effet d'y construire une maison commune et d'y vendre l'ancienne (1775). Cette nouvelle maison commune est celle qui se trouvait à côté de la chapelle des Pénitents.

(2) Archives communales, 1763.

hibition de laver aux susdits endroits, sous peine de
12 livres d'amende et de la saisie des effets... »

Une sollicitude bien grande allait très justement de
la mairie à l'école.

Dans une magnifique délibération du 25 juillet 1783
elle demande à l'Intendant de Provence, qui refuse,
100 livres d'indemnités pour le maître d'école, plus
25 livres pour logement.

« Jusqu'à présent, on ne donnait que 50 livres,
« disait le conseil municipal, mais les vivres ayant
« augmenté, le maître d'école est parti faute de res-
« sources suffisantes. Et cependant la jeunesse aug-
« mente à l'école, et on apprend à lire à la plupart, à
« écrire au petit nombre...

« L'établissement d'un maître à Fuveau est très nécessaire, *il date des temps les plus reculés* ».

En effet, nous en suivons les traces dans plusieurs
textes antérieurs.

Le 6 juin 1773, le conseil délibère, et « le premier
consul, Jourdan Bonnefoy, se porte à Aix pour obtenir
permission de Monseigneur l'Intendant d'arrenter une
chambre destinée au maître d'école jusqu'à la concur-
rence d'une somme de 24 livres par an. »

La permission est accordée pour trois ans.

Dans les registres paroissiaux il est fait mention
quelquefois de ces si utiles serviteurs du peuple que
les petits villages avaient le bonheur de posséder (1).

Contentons-nous de citer ici la présence « d'un pré-

---

(1) Nous ne partageons nullement l'opinion de Bouche et
d'Achard qui, aux XVII° et XVIII° siècles, prétendaient que les
établissements scolaires trop multipliés dans les campagnes occa-
sionnent un grave préjudice à la société.....

cepteur gagé de la jeunesse de Fuveau en 1651 »;
de Guitard, prêtre, maître d'école du lieu en 1691 ; de
Messire Baille « maître d'école en 1706, 1707, 1709 »;
d'un « régent d'école sérieux » en 1730; d'Etienne
Blanc « maître d'école de la paroisse, qui le 3 septembre 1759 signa l'acte de mariage de Mathieu Michel, fils d'Antoine, ménager, avec Thérèse Suzanne ».

Achard dans son article sur Fuveau, écrivait en
1787 :

« Fuveau compte 900 habitants : le patron de la
paroisse est Saint-Michel-Archange dont la fête se
célèbre le 29 septembre avec romérage.

Un capitaine et un enseigne et quelques tambours
marchent à la tête de la procession qui va le matin à la
chapelle rurale de ce saint patron. Le soir est consacré aux danses, aux prix des courses, etc. — Il est à
remarquer que chaque officier doit avoir quatre hommes à sa suite.

Le village est mal bâti et situé sur le penchant d'une
colline. Son territoire produit l'huile, le blé, le vin,
la résine de pin. Les mines de charbon de terre qui *s'y
trouvaient en quantité* ont été exploitées, et *aujour-
d'hui* elles sont *abandonnées* à cause de leur profon-
deur.

Il y a dans le territoire de Fuveau des carrières de
pierres de Cos dont on se sert pour aiguiser les faucilles
qui servent à la moisson (leis ouramès), d'où est venu
aux Fuvelens le nom d'*amourès*.

La paroisse est desservie par un curé à la nomination de MM. les comtes de Saint-Victor de Marseille,
et par un vicaire. Il y a une succursale dédiée à saint

Jacques et saint Philippe qui se nomme Belcodène ; mais cette succursale étant affectée au service d'une communauté distincte et séparée de celle de Fuveau, nous renvoyons le lecteur au titre de Belcodène ».

Il y a là une assertion erronée que nous relevons de suite en revenant aux mines de charbon, industrie principale de Fuveau. Non, elles n'étaient pas abandonnées au moment où écrivait Achard. Si nous dépouillons les pièces de la Révolution, si nous ouvrons le cadastre, si nous consultons l'Etat-civil, partout nous trouvons des charbonniers en masse.

Ce n'est pas seulement les textes indiscutables de 1720 et 1721 qui nous apprennent que de Marseille on venait chercher à Fuveau le charbon à dos de mulet, ce sont les témoignages formels des anciens indigènes nous racontant les précautions prises à cette époque de peste.

Au trou ou mine de Bouteille les charbonniers mettaient les sous que leur donnaient, en payement des charges de charbon, les muletiers de Marseille, dans une terrine emplie de vinaigre afin ne pas prendre le mal qui désolait la ville (1).

En 1735, en 1737 les Barthélemy, les Vitalis exploitent des mines à Fuveau (2).

En 1750, 1751, 1752, 1753, il y a progrès très accentué dans l'extraction du charbon ; mais de 1756 à 1789, c'est presque par centaines qu'on compte les petits centres d'exploitation.

L'Etat-civil d'alors est plein de noms de charbon-

(1) Tém. de MM. Boy, Long...
(2) Etat-civil de Fuveau.

niers, et à chaque page, c'est presque toujours le qualificatif *charbonnier* qui revient. Aussi, point d'étonnement, quand nous voyons, au cadastre de 1777, 32 charbonniers possédant-bien.

Dans ce bassin à lignite de Fuveau, qui s'étend de Sainte-Victoire à la chaîne de l'Etoile, de l'Olympe à l'Etang de Berre, on changeait souvent de stations.

Dès que le « trou » était trop bas ou encombré ou pris par les eaux, on déplaçait le chantier. La vingtaine d'ouvriers qui le composait, percyrons en tête, creusaient ailleurs une autre descenderie, et ainsi de suite. Ceci nous fait comprendre aisément leur multiplication et à Fuveau et à Trets, et à Peynier et à Peypin, et à Valdonne et à Gréasque et à Belcodène, pays essentiellement ligniteux.

Depuis la réglementation des concessions, en 1809, jusqu'aux environs de 1840, les descenderies étaient poussées suivant la pose de la couche ou par des puits inclinés appelés *traou à viseto*, en travers bancs, avec marches taillées dans le roc, sur pente de 45 degrès (1).

Le sortage du charbon se faisait en deux parties; d'abord avec un petit charriot à trois roues, appelé *courruou*, et traîné par un enfant de huit à douze ans appelé *mendit*. La charge était trois *couffins* de charbon porté du chantier (baoumo) au bas de la descenderie.

Ensuite des jeunes gens de seize à dix-huit ans

(1) La plupart des communications qui suivent sur les mines nous ont été fournies par l'excellent M. Richard Michel qui a voué aux « charbonnages » une longue vie pleine d'honneur, de dévouement et d'intelligence. — Nous les plaçons toutes ici pour ne plus revenir sur cet article.

montaient le charbon sur le dos avec, quelquefois, 400 marches pour arriver dehors.

Vers 1840, le comte de Castellanne d'une part, et M. Armand d'autre part, firent creuser des puits verticaux, et mirent des machines à vapeur. Tout le système d'exploitation fut révolutionné. On y installa, à l'intérieur des galeries, des chemins de fer avec des vagonnets poussés à bras d'hommes; et plus tard, en 1863, la compagnie Lhuillier adopta les roulages des vagonnets par chevaux, chose que les anciens croyaient impossible....

Et depuis, pourtant, que d'autres améliorations à l'acquit des savants ingénieurs! — Plans inclinés automoteurs, guidages en bois ou en fer, cages à parachutes, élévateurs hydrauliques, traînages mécaniques par chaînes sans fin, etc.

Pour l'abbatage de la roche qui se faisait au moyen du *fleuret* et de la *massette*, on a introduit depuis 1865 un perforateur à main. Avec l'ancien système, un ouvrier ne pouvait faire que deux coups de mine dans son poste de 6 heures; aujourd'hui il en fait jusqu'à six.

Mais l'une des principales difficultés du bassin de Fuveau (1) est l'abondance des eaux souterraines qui affluent, ordinairement, au printemps et en automne.

Depuis le XVIIe siècle jusqu'en 1830, il n'y eut d'autre moyen d'asséchement pratique que l'écoulement ou l'abaissement naturel.

(1) Fuveau étant le centre le plus important des concessions de la contrée, et ses habitants y constituant le plus grand nombre d'ouvriers, l'observateur ne doit pas s'étonner de voir englober, sous le titre de mines de Fuveau, des puits appartenant topographiquement aux communes voisines de Gréasque, Saint-Savournin, Belcodène qui, autrefois, chose curieuse, dépendaient spirituellement de ladite paroisse.

On essaya bien un peu les cruches, les barils à mains que les hommes faisant la chaîne déversaient au dehors ou dans une crevasse intérieure, mais quel système !

Enfin, Monsieur de Castellanne fit commencer en 1830 la galerie de Valdonne (la tranchado) qui se dirigea vers le puits de Dubreuil et plus tard vers le puits Léonie.

En 1831, les de Gérin-Ricard, en 1842, les Michel-Armand font d'autres galeries d'écoulement. Cette dernière asséchu, en partie, la concession Gréasque-Belcodène, Jas-de-Bassac, près Fuveau. A mesure que les travaux se développaient, les eaux croissaient. On eut recours aussi aux machines d'épuisement.

En 1839, la Compagnie Michel-Armand installa une grande machine au puits du Rocher-Bleu (appelé n° 15) et montait l'eau au jour.

En 1847, au puits Castellanne, et surtout en 1859 au puits Léonie, d'immenses machines d'épuisement furent posées, et de même au puits Saint-Bonaventure, au puits Lhuillier. Mais malgré tout, aux saisons pluvieuses, une partie des chantiers était noyée pour plusieurs mois.

L'inondation des mines de novembre-décembre 1886 fit reconnaître l'impuissance de la lutte avec ces engins.

Aussi, une galerie de Fuveau à la mer par Gardanne et le nord de la chaîne de l'Etoile fut résolue et entreprise. Souhaitons que les travaux avancent rapidement et soient exécutés le plus promptement pour la prospérité de toute cette région !

Avec le charbon, le bassin de Fuveau contient le

ciment, les chaux, le grès, des pierres à aiguiser et des pierres à grosse construction...

Autrefois le pays avait des fabriques de savon ainsi que Belcodène (1). C'était là une conséquence de la production du charbon qui est comme son premier élément.

Marseille venait chercher à Fuveau le combustible pour ses fabriques si renommées, et, en retour, lui apprenait l'art de cette fabrication, qui pourrait faire l'objet d'une captivante étude commerciale et sociale.

Mais ce n'était point uniquement le charbon que la ville prenait à la campagne, c'était aussi ses robustes ouvriers.

Avant la première moitié du XVIIIe siècle, que de savonniers de Fuveau (2) aux fabriques de Marseille ! Un d'entre eux, Antoine Vitalis, tomba même dans un chaudron de savon bouillant, y mourut, et fut enterré à la paroisse de Saint-Victor, le 9 août 1735.

Après 1750 leur nombre est plus considérable, et va tellement *crescendo* que sur le cadastre de 1777, nous trouvons 22 savonniers au moins, pères de famille, et payant les tailles à Fuveau.

Ce va-et-vient avec la ville, ces visites au pays donnent de l'aisance aux habitants et déterminent la création « de guinguettes au dehors, d'auberges aux portes et de cabarets à la Grand'Rue (3) ».

(1) Archives communales et Etat-civil.
(2) Peynier et Trets envoyaient aussi en ce moment, et ont envoyé, jusqu'en ces derniers temps, des colonies de leurs enfants aux savonneries de Marseille. Beaucoup retournaient plus tard dans leurs foyers et encourageaient leurs compatriotes et parents à les remplacer à leur travail de la ville.
(3) Archives communales. — Les chemins conduisant à Marseille étaient celui du vallon de Masse, très fréquenté, par le col

Et ces relations amènent aussi, en quantité, des nourrissons à Belcodène, à Gréasque et surtout à Fuveau, pays à l'air vif et sain.

L'Etat-civil nous renseigne sur ces petits, leurs parents, la plupart fabricants, constructeurs de vaisseau, liquoristes, navigateurs, capitaines de vaisseau marchand, bateliers, vendeurs d'indienne... — Que de noms intéressants, que de familles en vue et dont les successeurs, les héritiers, vivent encore et font belle figure, comme les Arnavon !

Il y avait aussi des enfants des hôpitaux d'Aix et de Marseille.

Toutes ces industries du dehors et du dedans, l'agriculture, les mines, faisaient vivre honorablement et pacifiquement une population d'environ 1400 âmes lorsque éclatât la Révolution.

du Terme et la descente de Pichauris ; et celui du Mont de Gardane. Au milieu était la *passe de Mimet* très directe, mais bien plus raide.

CHAPITRE VI

Période révolutionnaire à Fuveau. — Nombreux faits historiques se rattachant à l'économie politique, sociale, religieuse; détails intéressants sur les personnes influentes, les actes, les institutions de ce temps de la Révolution.

De 1789 à 1804 les événements politiques et religieux se précipitent avec une rapidité vertigineuse. Suivons-les dans leur course en fureur, et notons les principaux, tels que les documents nous les livrent ou nous les peignent.

La communauté de Fuveau, d'une part, avait fait rédiger et signer les délibérations les plus nobles, les plus honorables, en faveur « de l'institution d'un carême » prêché, chaque année à Fuveau. Elle avait aussi fait établir un rôle des communiants à Pâques qui s'élevait à 702 ; et pour cela, le seul curé et secondaire !

D'autre part, l'Archevêque d'Aix, Monseigneur de Boisgelin, avait ordonné, après un débat très long, dont le dossier nous reste, qu'un prédicateur, payé par le décimateur, Saint-Victor, serait nommé tous les ans à Fuveau pour la station du carême (31 mars 1789).....

La paroisse ne jouit pas longtemps de cette faveur, car le 21 septembre 1789 l'Assemblée nationale décrète l'encadastrement des biens ecclésiastiques. A Fuveau les revenus du prieuré consistant en dîmes, sur tout le territoire, sont affermés aux frères Long, par acte du 12 mai 1786. En y joignant le prieuré de Saint-Savournin, la rente annuelle était de 5875 livres et 12 charges de blé. D'où un total, y compris le prix du blé, de 6307 livres. Sur cette somme, les experts de l'encadastrement, après avoir entendu le fermier, déduisent 1900 livres pour la rente compétente au prieuré de Saint-Savournin. Il reste donc net, pour Fuveau, 4407 livres : ce qui fut encadastré, en proportion, en 1790.

Coulon *(sic)* curé, célèbre la messe le 14 juillet 1790 sur un autel, en plein air , que lui organisa le menuisier Deleuil. A cette messe assistèrent le maire Vitalis, les conseillers, les troupes municipales, qui prêtèrent le serment (1).

La fête de saint Michel fut aussi célébrée avec éclat durant deux jours, et comme le peuple fut content de la « musique » (fifres et tambours), on vota 12 livres, 8 sous, de frais d'auberges, en sus des 10 livres du payement convenu.

Le 22 avril 1791, le digne curé Coulon signe son

______

(1) On donna 8 sous à la femme qui, le 13 juillet, alla faire venir de Trets le *fifre* dont manquait Fuveau. Le tambour et le fifre reçurent 6 livres, et le menuisier Deleuil, 2 livres, pour arranger l'autel. — *Rôle communal.*

dernier acte à l'Etat-civil, et Mallet, son secondaire, reste jusqu'en juin. Vial — peut-être l'ancien secondaire de Trets de ce nom — (1) arrive comme pro-curé au commencement de juillet, et en septembre prend le titre de curé de Fuveau.

Berbiguier — sans doute aussi le secondaire de Trets (2) — se joint à son collègue Vial, mais il est vite remplacé par Audibert, comme secondaire de Fuveau.

Prêter ou refuser le serment de la Constitution civile était une question grosse de conséquence, alors; et dans la mêlée, au milieu de l'incertitude ou de la crainte, Audibert le signe, puis, le rétracte, tandis que Vial ira jusqu'à l'apostasie, comme son doyen de Trets (3).

Ledit Vial avait un traitement fixe de 1500 livres, mais il lui était servi irrégulièrement; aussi se plaint-il de la sorte, le 25 frimaire, an II :

Monsieur le Maire,

« Je ne puis attendre l'an prochain, je n'ai rien reçu de mon traitement depuis six mois, il me faut mes 237 livres, 10 sous, somme que j'ai déboursée pour fourni-tures d'église..... j'en ai besoin aussi pour payer 150 et quelques livres d'imposition, et d'autres dépenses d'absolue nécessité ».

Le gouvernement avait des besoins exceptionnels, à cette époque, et la commune de Fuveau était si pau-

---

(1 et 2) Voir *Trets* sous la Révolution, par l'abbé Chaillan.
(3) Sur 161 prêtres séculiers du diocèse d'Aix, 90 font alors le serment, 38 le refusent, 33 le rétractent. — Arch. de la Préfect. B.-du-Rh.

vre qu'elle demandait l'aumône à ses habitants (1).
Voilà pourquoi, le conseil municipal voyant que
même avec les contributions volontaires, les deux tiers
des 1400 personnes de Fuveau sont dans l'impuissance
de pouvoir se secourir, délibère de faire un emprunt
de 4000 livres pour l'achat de grains (2) ». En attendant, on prend au tronc de la Miséricorde « le mon-
tant d'une charge de blé à faire pétrir aux fêtes de Noël,
pour les indigents du village. »

Pour comble de calamités il y a la guerre civile dans
le pays. Des commissaires sont nommés par le Département, et viennent à Fuveau rétablir l'ordre. « Ils ré-
quièrent le maire et les officiers municipaux de publier
partout que tout citoyen qui aura éclaircissements à
donner, plaintes à faire, etc... peut librement se pré-
senter pour être entendu (3) ».

Les troubles continuant, un arrêté du Département
daté du 31 décembre 1792, enjoint au citoyen J.-B.
Constans, accompagné d'un commis et d'un fourrier,
de se rendre à Fuveau. Ils arrivent le 6 janvier 1795,
et convoquent à l'église paroissiale tous les citoyens
actifs de la commune pour y procéder aux élections
municipales.

Après plusieurs contestations et trois séances tenues

(1) Antoine Dépousier, maréchal, a de la peine à tirer le prix
des fournitures ci-après : « pour la planche du Grand-Vallat,
clous et garnitures, 3 fr. — une marque pour marquer les chaises
de l'église paroissiale, et une pour celles de l'Hôtel-de-Ville,
4 fr.; — un crampon pour la planche du Jas-de-Bassac, 3 l. 12
deniers (18 août 1790) ».

(2) Séance du 2 décembre 1791.

(3) Communication faite à Fuveau, le 3 octobre 1792, dans la
maison du ci-devant seigneur de Peysonnel.

les 6, 7 et 8 janvier, J. Vitalis, cardeur, a été proclamé maire.

Alors c'est la Société des Antipolitiques (1) qui se plaint et qui reproche au conseil de ne pas délibérer publiquement et les portes ouvertes. Satisfaction est donnée sur ce point ainsi que sur le vœu de planter solennellement un arbre de la Liberté.

La misère persiste, le blé manque encore et les charges des moulins et des fours sont lourdes à payer. Au conseil municipal incombe le sacrifice de chercher du blé « pour les gens pauvres du club » et de gratifier le contingent des 18 jeunes gens de Fuveau qui doivent s'enrôler pour la défense de la patrie (mars, avril 1793).

En vertu de la loi des suspects il fallait des certificats de civisme pour circuler librement même dans le périmètre communal. Deux cents cartes de sûreté sont faites pour Fuveau et il fallait les réclamer à la mairie, qui les délivrait, évidemment, avec caprice et passion, dans certains cas. C'est pourquoi on répond à la réaction contre la Convention par des haines plus vigoureuses.

D'Aix, on reçoit à la séance du 19 mai 1793, le citoyen Jacques Roubaud, homme de loi, qui vient apporter aux patriotes de Fuveau, l'union, la fraternité entre les communes, sans aucun projet de contre-révolution.

Le maire donne l'accolade amicale, au nom de tous

(1) A Trets cette Société marchait avec un zèle extraordinaire, et Fuveau avait demandé l'*affiliation* — Aix, Marseille donnaient le mot d'ordre à nos dites Sociétés rurales.

les assistants, audit député de la section n° 2 de « La Liberté ».

Joseph-Etienne Blanc, notaire, est envoyé à la section « La Liberté d'Aix », pour remercier Jacques Roubaud de ses paroles de concorde, et pour porter « ses sympathies admiratives » aux diverses sections républicaines de ladite ville.

De retour, le soir du 20 mai 1793, Joseph Blanc rend compte, au conseil assemblé, de ce qu'il a fait. Aussitôt, les citoyens présents le désignent unanimement, avec Pierre Barthélemy, ménager et Antoine Suzanne négociant, « pour aller donner aux sections de Marseille les témoignages de la fraternité de la commune ».

Pendant que ces trois députés sont partis, le maire, Jean, Louis, Vitalis, « réunit tous les citoyens et chefs de famille en assemblée générale et permanente et dit que la salle de la mairie étant trop médiocre pour contenir tous les concitoyens de la commune, propose de transférer le lieu des séances à la grande salle du ci-devant château, et nomme quatre commissaires pour préparer ledit local (approuvé) ».

Le 25 mai, Blanc arrive et, devant tous les citoyens assemblés, raconte sa mission à Marseille, « comment il a été chaleureusement accueilli dans sept sections principales, et avec quelles démonstrations amicales on lui a donné l'affiliation fraternelle, le baiser de paix.... »

L'entraînant orateur est vivement acclamé, mais hélas ! son succès, ses qualités, son ardeur, vont lui coûter la vie, ainsi que nous allons le voir bientôt.

La fièvre de la dénonciation, des animosités chauffe

toujours plus les têtes, au milieu des divers clubs ou
Sociétés politiques; et la garde nationale de Fuveau
qui avait eu Dépousier pour colonel, et qui a, maintenant, Antoine Suzanne, est obligée de rester en permanence soit dans le pays, soit dans la campagne, pour
maintenir un peu de sécurité.

Les audacieux, en effet, profitent de tout : les voitures des émigrés mises en dépôt, le vin de leurs caves,
les remèdes fournis aux suspects par le pharmacien...
ils veulent tout prendre. Les mines de charbon, ils les
scrutent, les moissons des adversaires, ils les saccagent,
la jolie campagne de l'abbé Vitalis, ils vont en faire
l'inventaire détaillé...

Heureusement les fêtes nationales, inspirées par la
philosophie, et les cérémonies civiques, venaient apporter quelque diversion à cet état d'esprit si nuisible !

Dans la séance du 14 juillet 1793, le citoyen-maire
a dit :

« Nous venons de recevoir du district une lettre
datée du 12 du courant portant de célébrer une fête
civique, aujourd'hui 14 juillet, jour mémorable pour
la conquête de notre liberté, afin que chaque citoyen
renouvelle le serment civique. Sur ce, il requiert de
délibérer. Sur quoi le conseil général public a unanimement délibéré de célébrer la fête civique et ordonne
qu'il sera chanté une grand-messe, et que la garde
nationale sera requise d'y assister, ainsi que tous les
citoyens, et qu'à l'issue de la messe il sera prêté le
serment requis. Ensuite tous les membres ont indivi-
duellement prêté le serment par ces mots : « Je jure,
nous jurons, de ne plus reconnaître les décrets rendus

par la Convention nationale, depuis le 31 mai dernier jusqu'au moment où la liberté sera rétablie dans son intégralité, de maintenir la République une et indivisible, la liberté, l'égalité, et de faire respecter les personnes et les propriétés ».

Sans désemparer, le présent conseil général est parti de la maison commune, accompagné de la garde nationale, tambours battants et drapeaux déployés, pour assister à la grand-messe qui a été solennellement chantée ; et ensuite il s'est rendu à la place de la Liberté, et là, tous les citoyens assemblés, ont prêté le serment par ces mots : « Je jure de maintenir la République une et indivisible, la liberté et l'égalité, de dénoncer avec courage quiconque proposerait et suivrait des mesures tendant à vouloir un Roi, un Dictateur, ou tout autre maître que la Loi ; de faire respecter les personnes et les propriétés, d'adhérer au manifeste imprimé au nom de Marseille, d'obéir à la nation et aux lois promulguées jusqu'au 31 mai dernier, et de ne plus reconnaître les lois postérieures à cette date jusqu'à ce que la représentation nationale soit rétablie dans son intégralité et qu'elle soit libre et respectée ».

Enfin, accompagnés de ladite garde et des citoyens, lesdits officiers municipaux se sont rendus à la commune pour y rédiger le présent procès-verbal et l'expédier au district ainsi qu'au Département.

J. L. Vitalis, maire ».

Séance du 29 août 1793.

« En exécution de la délibération prise par le conseil général de cette commune, le 27 du courant, portant qu'il sera fait solennellement la publication de l'acte constitutionnel du peuple français ensuite de la proclamation faite aujourd'hui à son de trompe par le valet de ville et par les cloches avertissant tous les forains, convoquant la garde nationale, nous nous sommes rendus, tambours battants et drapeaux déployés, à l'église paroissiale. Là, tout le peuple étant assemblé, il a été chanté solennellement une grand-messe à l'issue de laquelle, le citoyen Vial, curé, a fait la publication de l'acte constitutionnel. Aussitôt les plus vifs applaudissements réitérés ont fait retentir l'église, et à la suite il a été chanté un *Te Deum* en action de grâces ; et de tout ce que dessus avons dressé un procès-verbal qui sera envoyé de suite au district.

J. L. Vitalis, maire ».

A la demande faite par Signoret, commissaire du district, pour la levée de sept hommes, et de quelques chevaux de dragons, le conseil répond que personne ne veut marcher ni donner (1). A Fuveau, on n'a plus rien pour manger (2) ; et pour continuer à faire exclusivement de la politique, il faut se résigner aux emprunts (juillet, septembre, novembre 1793).

Le comité du Salut public est là, d'ailleurs, pour imposer son vouloir et dénoncer au Département les citoyens qui lui déplaisent.

(1) Les cordonniers ayant été requis de fournir chacun cinq paires de souliers ont répondu qu'ils n'avaient pas de marchandises.

(2) Un marché pour le blé avait été établi à la maison attenante à la cure. Il était ouvert les mardi et jeudi de chaque semaine. « Obligation de tout porter là, et de tout aller chercher là ». — « Les fours sont décroupis, les sarments manquent même pour les chauffer, le pain se gâte... »

C'est ainsi, qu'ayant juré une haine éternelle aux modérés, ledit comité fait remplacer brutalement la municipalité trop peu révolutionnaire.

Antoine Long, le 19 octobre 1793, est élu maire de Fuveau.

Avec son conseil, composé de Joseph Blanc, Joseph Poisier, Claude Vitalis, Louis Barthélemy, Honoré Long, André Isnard, procureur, il jure : « de reconnaître et de faire exécuter les lois émanées de la Convention nationale, de remplir son devoir avec intégrité et impartialité, de mourir, s'il le faut, à son poste, pour maintenir la liberté, l'égalité, la République une et indivisible ; de déclarer guerre éternelle aux tyrans et aux modérés ».

Après ledit serment, l'ancienne municipalité étant décorée de ses écharpes, s'en est dépouillée pour les offrir aux nouveaux élus qui ont pris place à leur poste.

Le peuple amassé a juré d'oublier toute haine particulière et s'est embrassé fraternellement.

« Le sixième jour de la deuxième décade du second mois de l'an II, de la République (quelle confusion avec ce calendrier « nouveau style! »), le conseil général s'est assemblé. Le maire a dit de réarmer surtout les citoyens composant la compagnie des sans-culottes et de leur fournir un fusil à chacun tant que la patrie serait en danger ».

Pour réchauffer le zèle de ses administrés, le citoyen-maire délibère de célébrer ainsi la fête du 1er décadi qui suit la publication du décret du 4 nivôse :

« La garde nationale, c'est-à-dire la compagnie des

sans-culottes, suivra la municipalité qui ira faire un feu de joie auprès de l'arbre de la Liberté. Après, il y aura un grand bal gratis pour tous ceux qui voudront en profiter, et une invitation à son de trompe pour que les citoyens illuminent portes et fenêtres ».

L'esprit, le style nouveau emporte et efface tout le passé ; et au lieu de réformer ce qui avait fait son temps, on détruit, indistinctement et sans profit, le bien comme le mal.

Avec les traditions, on supprimait aussi les personnes qui déplaisaient ou avaient des opinions adverses : 89 et 93 sont bien loin ; ici comme ailleurs, promesses et réalités diffèrent comme le jour et la nuit !

Fuveau qui avait mis tant de confiance en son jeune notaire Blanc, fils de ménager, neveu de notaire, le laisse dénoncer et conduire à la maison d'arrêt de Marseille. Le conseil général, tenu le 2 frimaire, an II, décide de se porter chez Fabri, avocat-conseil de la communauté, pour prendre des renseignements touchant les Registres dudit Joseph, Etienne, Blanc.

Ces Registres sont apportés à la mairie, et voici intégralement ce qu'on fait de son propriétaire (1).

« L'an II de la République française une et indivisible, sextidi 26 de frimaire (16 décembre 1793), à onze heures du matin, le *Tribunal* criminel, révolutionnaire, composé des citoyens Augustin Maillet cadet, Président ; Fr Jᵸ Rouèdy, M. Maurin, E. Bompard,

---

(1) Ce qui suit est tiré des Archives départementales (dépôt d'Aix) : Série L. — Documents de la période révolutionnaire. — Extrait de la liasse 88, dossier n° 84. — Registre L, 103 bis, folio 131 (anciennement coté B, n° 2).

juges ; J^h Giraud , accusateur public ; écrivant Et. Chompré, greffier ; s'est assemblé dans la salle ordinaire d'audience de la maison de justice du département des Bouches-du-Rhóne séant à Marseille. Le Président, après avoir fait ouvrir la séance, a mandé venir des prisons Germain, Honorat, Serre, Favier, Flamand, Jauffret, Cucurni, Seguin de Velaux, *Blanc* dit *Blanquet* de Fuveau, lesquels constitués à la barre, libres, sans fers, et assis, ont été interrogés comme suit :

Le Président : Vos nom, àge, profession , origine, domicile ?

.... 3me Etienne, Joseph, Blanc, âgé de 29 ans, notaire, né et domicilié à Fuveau.

L'accusateur public dénonce...

Blanc dit Blanquet de Fuveau. L'opinion de tous les républicains de sa commune est formellement contre lui. Il a abusé de son âge et de ses talents pour servir de tout temps le parti des ennemis de la Révolution. Il était notaire, il a fortifié par son zèle et ses propos l'égarement de ses concitoyens. Il a été un de ces gens affidés, un de ces instigateurs que les contre-révolutionnaires marseillois avoient eu soin de placer dans chaque commune. Il a été Président de sa section et le chef du comité. Il a fait délibérer la destruction de la Société (*populaire*), il a fait délibérer d'en brûler les effets. Il a fait délibérer d'arracher les arbres de la Liberté. Il a encouragé les esprits à s'unir à l'armée rebelle. Il a provoqué l'affiliation contre-révolutionnaire de sa section avec celles de Marseille.

Il a appelé un commissaire marseillais nommé Tronc, fils, qui l'a aidé puissamment à la désorganisation, à la persécution et à l'avilissement des principes républicains. Bourrelé par sa conscience, il a cherché à soustraire par la brûlure les papiers du comité (*sectionnaire*) qui authentiquoient ses crimes.

. . . .

Le Président : Vous, Blanc, n'avez-vous pas été Président de la section de Fuveau ?

Blanc : Oui, environ un mois, en juillet. Je n'y ai jamais parlé ni contre les Représentants, ni contre les patriotes ; j'ai toujours prêché la réunion des deux partis dans le pays. Dans la section, quelqu'un vouloit parler contre les clubistes, je fis délibérer que ceux qui parleroient contre eux seroient exclus de la section.

Le Président : Etait-ce prêcher la paix et l'union que de faire délibérer la destruction du club, la brûlure de tous les effets qui y étoient, et la délibération même d'arracher tous les arbres de la Liberté, et plusieurs autres délibérations liberticides dont on va vous faire la lecture ? — Le greffier lit (1).

(1) Cette lecture comprend les pièces suivantes qu'on avait fait venir de Fuveau. Elles sont si instructives qu'à notre tour nous les donnerons telles que le greffier les apportât au tribunal, sans y changer un seul mot :

Délibérations de la section de Fuveau

Respect aux Lois, aux Personnes et aux Propriétés.

Présidence du citoyen BLANC.

Aujourd'huy 1er juillet mil sept cens quatre-vingt-treize, l'an second de la République française une et indivisible, la section républicaine dite l'*Egalite* de cette commune de Fuveau s'est

Blanc **:** Il vint des Commissaires pour faire brûler les effets ; je m'y suis opposé. Il n'y eut que partie des cartes de brûlées ; je fis respecter la tribune, les bus-

assemblée dans la maison de la cy-devant Barthellemi lieu de ces séances.

En laquelle assemblée il a été délibéré que les membres du comité existeraient encore un mois.

Il a été délibéré de faire la réponse des trois lettres que nous avons reçues du comité des six sections d'Aix et que le citoyen *Blanc*, président, sera adjoint au comité de ce lieu pour tous ensemble y rédiger les lettres.

(*Signé*) : Blanc, président ; — Laugier, vice-président ; — Antoine Poisier, secrétaire.

Collationné conforme à l'original : *Jourdan*, secrétaire du comité de Surveillance séant à Fuveau.

Cejourd'huy cinq juillet mil sept cens quatre-vingt-treize, l'an second de la République française une et indivisible, la section républicaine dite l'*Egalité* de cette commune de Fuveau s'est assemblée dans la maison de la cy-devant Barthellemi lieu de ces séances.

En laquelle assemblée il a été délibéré que le président auroit le droit de décacheter les lettres adressées à la section de cette commune, tant de Marseille que d'Aix, et &ᶜᵃ (*sic*).

(*Signé*) : Blanc, président ; — Antoine Poisier, secrétaire.

Colla ionné conforme à l'original : *Jourdan*, secrétaire du comité de Surveillance séant à Fuveau.

Aujourd'huy quatorze juillet mil sept cens quatre-vingt-treize, l'an second de la République française une et indivisible, la section républicaine dite l'*Egalité* de cette commune de Fuveau s'est assemblée dans la salle de la cy-evant Barthellemy lieu de ces séances.

En laquelle assemblée il a été délibéré de nomer deux commissaires auprès du citoyen Jourdan, cy-devant Maire, pour l'inviter de ce rendre à la section pour rendre compte de la liste des désarmés, du procès-verbal et des causes dudit désarmement. Et le citoyen Jourdan s'étant rendu à la section, après quelques raisons différentes a dit qu'il donneroit toutes les pièces qu'il auroit dans les vingt-quatre heures de temps.

Ensuite il a été délibéré que si quelque membre troubloit l'assemblée il seroit mis dehord de la salle par quatre Commissaires, et qu'après l'assemblée jugeroit dans sa sagesse de la punition.

Ensuite il a été délibéré que toutes les personnes désarmées iroient déclarer à la Municipalité les armes qui leur auroient été prises lors du désarmement.

Ensuite il a été délibéré de requérir la Municipalité de vouloir faire remettre le couronnement du Saint-Sacrement.

Il a été délibéré en outre de requérir la Municipalité de faire remettre le couronnement à l'autel de la cy-devant chapelle des Pénitents existant en ce moment à la paroisse.

tes de Brutus et de Rousseau ; je ne pus empêcher qu'on arrachât l'arbre de la Liberté planté devant le club. Quant à la dénonciation du conseil de la com-

(*Signé*) : Blanc, président ; — Laugier, vice-président ; — Antoine Poisier, secrétaire.

Collationné conforme à l'original : *Jourdan*, secrétaire du comité de Surveillance séant à Fuveau.

Délibératio s de la section de Fuveau

Respect aux Lois, aux Personnes et aux Propriétés

Présidence du citoyen BLANC.

Cejourd'hui vingt-trois juillet mil sept cens quatre-vingt-treize, l'an second de la République française une et indivisible, la section républicaine dite l'*Egalité* de cette commune de Fuveau s'est assemblée dans la salle de la cy-devant Barthellemy lieu de ces séances.

En laquelle assemblée il a été délibéré de requérir la Municipalité vouloir bien vérifier les congés des volontaires qui sont venus de l'armée de *Nice*, et en même temps de faire rejoindre le citoyen Blanc dit Pierrat, attendu que son congé n'est pas valable.

Il a été délibéré en outre de brûler la tribune et autres effets du cy-devant club, non nécessaire de requérir le capitaine de chaque compagnie d'avertir ses soldats d'assister à cette affaire à cinq heures du soir, et en même temps de requérir la Municipalité d'y vouloir assister en écharpe.

(*Signé*) : Blanc, président ; — Antoine Poisier, secrétaire.

Collationné conforme à l'original : *Jourdan*, secrétaire du comité de Surveillance séant à Fuveau.

Le citoyen *Blanc*, président, après avoir fait lecture de la délibération de la commune a dit à hautte (*sic*) voix et en présence de toute l'assemblée qu'il dénonçoit l'ancien conseil général de la commune au sujet de l'avoir fait contribuer injustement en n'ayant aucun pouvoir des autorités constituées.

Il a été délibéré de faire passer la dénonciation de la Municipalité, afin qu'il en juge dans son âme et conscience.

De plus l'assemblée a délibéré de dénoncer les citoyens Joseph *Poisier* oncle et neveu sur leurs propos qu'ils ont tenus à la section. Le citoyen Joseph Poisier oncle a dit qu'il ne permettroit jamais que son fils (sur lequel le sort a tombé lors de la levée des sept hommes) aille se battre contre ses frères ; et le citoyen Joseph Poisier neveu sur ce qu'il a dit qu'il ne marcheroit pas ni de gré ni de force pour ce qui regarde cette levée.

Il a été délibéré de plus d'envoyer deux Commissaires auprès du citoyen Joseph *Blanc dit Pierrat* pour le prier de se rendre demain vingt-sept du courant à a section.

(*Signé*) : Blanc, président ; Antoine Poisier, secrétaire.

Collationné conforme à l'original : *Jourdan*, secrétaire du comité de Surveillance séant à Fuveau.

mune, je conviens l'avoir faite parce que la commune
vouloit me faire contribuer cent livres sans titres ni
motifs. Si c'eut été pour les volontaires, je n'eusse rien
dit, puisque j'ai donné mon propre habit et que j'ai
donné tout ce qui a dépendu de moi.

Le Président : Vous souffriez qu'on dénonçât un
homme qui vouloit empêcher qu'on forçat son fils à
marcher contre l'armée de la République ?

Blanc : Il étoit venu le maire de Trets, membre du
district d'Aix, qui vint faire une levée de sept hommes. Ces hommes ne vouloient pas marcher. Je n'étois
pas à la section le jour de la dénonciation, et le lendemain je signai cette délibération sans l'avoir vue.

Le Président : Vous saviez que les confréries étoient
détruites, et vous faisiez délibérer qu'on replaçât à
l'église le couronnement (*du Saint Sacrement*), em-
blême de la Royauté ?

Blanc : Cela fut délibéré. Je ne crois pas que cela
se soit exécuté.

Le Président : Ne fites-vous pas passer les papiers
du ci-devant club au comité général (*des 32 sections*)
à Marseille ?

Blanc : Non. Ils furent portés au comité de la section, où je crois que le club actuel les a retrouvés. Je
fus nommé avec la municipalité pour inventorier tous
les effets du club, que nous lui avons tous rendus. Vous
trouverez diverses délibérations (où il est question des
effets du club) qui ne furent point exécutées. J'ai bien
été secrétaire de la section, mais jamais Président du
comité. Je vins dans le commencement des sections
demander l'affiliation à Marseille.

Le Président : Que contenoit la lettre que vous écrivîtes vous-même au comité général de Marseille, avec ordre de ne pas désemparer qu'on n'eut reçu la réponse ?

Blanc : Il s'agissoit de réunir dans les sections les citoyens qui ne vouloient pas s'y réunir. J'ai pu errer, mais j'ai été certainement patriote On l'est chez nous ; on est divisé par des haines particulières.

Le Président : Ne fîtes-vous pas délibérer qu'on payeroit les volontaires qui iroient contre l'armée de la République ?

Blanc : Non, citoyen, je n'ai rien donné. On voulut me faire marcher ; je ne voulus pas. Il peut y avoir eu une souscription de quinze à vingt sous. Je ne me rappelle pas d'avoir donné cent sous, et si je les ai donnés ce n'a pas été à la section. Je disois à ceux qui devoient partir de n'y pas aller.

Le Président : Vous aviez toute influence. Si vous aviez dit un seul mot, vous auriez ramené les esprits ?

Blanc : Je n'étois pas le plus éclairé. Je n'ai été qu'égaré ; et mes moyens n'étoient pas suffisants pour guider les esprits.

Plus n'ont été interrogés. Lecture faite, ont déclaré contenir vérité, y persister et ont signé, qui l'ont su.

(*Signé*) : Blanc... Alexandre Jauffret — Germain, L Serre — Pierre Flamand — Favier — Etienne Honorat.

E. Chompré ; — Giraud ; — Maillet cadet.

Greffier.   Accusateur public.   Président.

L'accusateur public parle et réclame l'application de la loi du 27 mars (1793) contre Etienne-Joseph-

Blanc de Fuveau, et Alexandre Jauffret de Velaux,...

Le Président, après avoir pris l'avis des membres du Tribunal en commençant par le plus jeune Fr. J^h *Rouédy*, M. *Maurin, E. Bompard*, qui ont motivé leur opinion à haute voix,

A prononcé, au nom du Tribunal criminel, révolutionnaire du département des Bouches-du-Rhône, *qu'en vertu du décret du 27 mars dernier* (1793) de la Convention Nationale, *Etienne-Joseph-Blanc (dit Blanquet) de Fuveau, et Alexandre Jauffret de Velaux sont condamnés à la peine de mort*,........

Fait à Marseille à quatre heures après-midi, mêmes jour et an que dessus.

(*Signé*) : Rouédy ; — Maurin ; — Bompard.

E. Chompré, greffier ; — Maillet cadet, Président.

....

Le lendemain de sa condamnation, Blanc fut exécuté à Marseille sur la Cannebière où l'échaffaud était dressé en permanence.

Dans « le Tableau des individus jugés à mort par le Tribunal révolutionnaire » il est écrit (1) :

« *Nature du jugement de Blanc, notaire de Fuveau* :

Le vrai moteur de la contre-révolution dans cette partie du territoire d'Aix. Ci-devant Président et secrétaire de la section contre-révolutionnaire, convaincu d'aristocratie et de rebellion à la représentation nationale ; en vertu du décret du 27 mars 1793 de la Con-

(1) Série L, Extrait *parte in qua* du Registre L, 94 bis.

vention nationale, jugé à mort et exécuté le 27 frimaire
(17 décembre 1793) ».

Sur deux notaires, à Fuveau, l'un, Jean-Auguste
Vitalis, a pris la fuite, l'autre est décapité. Le pays
ayant besoin d'un pareil officier public demande que
Granier, notaire de Rousset, vienne faire les expéditions, donner des extraits, instrumenter enfin.

Plus tard, l'ancien notaire Jean-Joseph-Blanc consent à reprendre l'étude de son neveu ; et les héritiers
de celui-ci réclament à la mairie ses biens confisqués
mais inventoriés.

L'observateur devine sans peine l'émotion que pro-
duisit dans toute la commune de Fuveau un évène-
ment pareil, aussi bien que la persécution implacable
exercée en ce moment même contre les choses et les
personnes religieuses. Dans la terreur on préparait la
réaction ; et, en attendant, les Sociétés populaires, le
comité de surveillance sont plus occupés que jamais
de politique et de suspicion. On abandonne presque le
travail de la campagne, toutes les familles paraissent
dans toutes les assemblées, et les noms d'aujourd'hui
on les retrouve alors au club : Bonfillon, Bonnefoy,
Maurin, Etienne, Long, Coulomb, Roche, Chaillan,
Poisier, Barthélemy, Vitalis, Blanc, Moustier, Vadon,
Suzanne, Bourrelly, Richier....

Le 22 ventôse, an II, le citoyen maire a dit, au conseil, qu'en vertu de la loi et d'une lettre du citoyen
Isnard, il avait fait descendre deux cloches du clocher
de la paroisse et une de la ci-devant chapelle des Pénitents.

Lesdites cloches devaient être transportées, d'urgence, au district d'Aix, mais il paraît qu'on ne trouva personne à Fuveau, car le lendemain on requit Pierre Barthélemy, de la commune de Négrel, pour faire cette opération.

« Ce-jourd'hui 8 germinal, an II, le conseil général étant assemblé, le maire dit que Vial s'est présenté, et a donné et lu sa démission :

« Je, soussigné, Jean-Baptiste Vial, curé de la commune de Fuveau, déclare me démettre de mon poste où la loi m'avait placé et de ne plus exercer aucune fonction ecclésiastique à Fuveau.

Jean-Baptiste Vial, ci-devant curé de Fuveau (1).

A. Long, maire ».

Le curé extérieurement laïcisé, annihilé, desuite on demande l'argenterie de la paroisse ; et comme on met quelque lenteur dans l'envoi, le district écrit au maire :

Apportez-nous donc ce qui se trouve dans votre église dans trois jours au plus tard, sinon on députera des commissaires à vos frais (3 floréal an II).

Ces dépouilles saintes étaient : deux calices, un soleil, un ciboire, une petite boîte en argent, un crochet, des petits enfants en argent, un calice, don de l'abbé Etienne, Pascal, Vitalis.

Le citoyen Louis Barthélemy, notable, porta le tout

(1) Le 19 novembre 1792. Vial avait signé son dernier acte de l'État-civil par le mariage d'Ambroise Roche et de Rose Barthélemy ; et Audibert, secondaire, clôt ledit registre par le baptême du 25 novembre 1792.

à l'Hôtel de la Monnaie, à Marseille, en vertu d'une délibération municipale (1).

Hélas ! à ces tristesses religieuses il faut ajouter une fureur encore plus générale de s'armer (2), de se dénoncer, de se suspecter.

Au surplus, les chaleurs de 1794 arrivent : les moissonneurs (3), qui gagnent 40 sous par jour, ne peuvent se procurer des souliers pour se mettre à couvert des épines (4) ; un grand nombre de citoyens et de citoyennes sont attaqués d'une maladie contagieuse, sans aucun secours de médecin (5), enfin tous les habitants souffrent de ne pouvoir se procurer un morceau de savon pour se blanchir seulement une chemise (6), comme aussi d'être sans blé et sans pain (7).

(1) Pour liquider certaines affaires du ci-devant culte on nomme des commissaires. Ils payent, le 16 fructidor an II, à Barbaroux, ciergier d'Aix, certains arrérages de cire de la confrérie du *Corpus Domini*, etc....

(2) Des troupes venant de Toulon passent souvent à Fuveau ; aux *bégudes* de la route on tue des vaches pour les soldats. Quelquefois ces bêtes s'échappent et on les traîne par la route nationale jusque dans le village.

(3) Les biens vendus des émigrés, on délibère de les partager surtout à ceux qui n'ont pas un arpent de terre. Quant aux récoltes des fuyards, des détenus et des suspec s, la mairie les fait rentrer après envoi des patrouilles de la garde nationale pour les protéger.

(4) Séance du 29 prairial, an II, très curieuse, à ce sujet, etc...

(5) Capelle, chirurgien de Puyloubier, consent à venir à Fuveau trois fois par décade, au prix de 600 livres « avec saignées gratis » et quatre livres pour les visites imprévues.

Ledit Capelle ne put tenir ses promesses à cause de ses grandes affaires, et le 27 prairial, an II, on propose et accepte le citoyen Antoine Granier, chirurgien-major du bataillon des sans-culottes, d'Aix, aux mêmes conditions que desssus.

(6) Dans la séance du 11 thermidor, an II, « les charbonniers en grande quantité travaillant à faire l'exploitation du charbon de pierre ne peuvent plus tolérer une pareille noirceur, vu que leurs corps même sont inquiétés ».

En conséquence, Henri Bonfillon est député à Marseille, et il obtient six quintaux de savon que la mairie fait délivrer à 15 sous la livre.

(7) « Beaucoup de citoyens du village se trouvent dépourvus de blé ; chaque jour les plaintes se multiplient, et la municipa-

L'échafaud, la fermeture des églises, une peur extraordinaire comprimaient les cœurs, étouffaient les élans de la parole et arrêtaient notablement la fréquence des réunions du conseil municipal. Le maire ne plaisant plus au comité de surveillance qui collait à chacun ses qualités civiques ou inciviques, l'agent national du district d'Aix, venu à Fuveau, le remplace purement et simplement, l'an III et le 10 frimaire, à une heure après midi.

« Il arrête que les membres de la municipalité de Fuveau seraient : Jean, Louis, Vitalis, Jacques Suzanne, Pierre Barthélemy, Louis Laugier, Roche Long, Esprit Michel, Lazare Bonnefoy, agent national.

Requiert, au nom de la loi, les citoyens ci dessus désignés, d'accepter les places qui leur sont confiées et de se rendre à leur poste sur la simple notification qui leur sera faite de leur nomination, à peine d'être regardés comme suspects et traités comme tels ».

L'agent national était bien tout puissant mais pour se mettre à couvert, il fait nommer Président du conseil Jean, Louis, Vitalis (11 frimaire).

Entre autres choses, le 12 frimaire, ce nouveau Président remarque dans l'inventaire qu'il fait de la mairie : 31 fusils, 1 canon, 5 pistolets, 3 sabres, 2 baudriers, 9 épées et un « sabroux ».

lité ne sait à qui s'adresser pour secourir tout ce monde. Il faut donc faire une visite domiciliaire dans la commune pour s'assurer du blé qui se trouve encore tant aux bastides qu'à l'intérieur du pays, et prendre note des citoyens qui ont du blé comme de ceux qui n'en ont pas (17 brumaire an III) ».

— Le 10 nivôse, an III, la ration du pain est taxée suivant l'âge; et le 22 nivôse on n'a plus de pain que pour deux jours. Aussi délègue-t-on Louis Laugier pour aller acheter du blé à quelque endroit et à quelque prix que ce soit.

A la fin d'un mois de présidence, Jean, Louis, Vitalis se démet. On propose alors de renouveler tous les mois le Président, chacun des officiers municipaux ayant ce rôle à son tour.

Jusqu'à présent, Vial, ami des Révolutionnaires, habitait encore la cure, et personne ne songeait à inquiéter ce prêtre qui s'était déshonoré, religieusement, tant de fois. En vertu de la loi du 27 brumaire dernier (chap. I, art. V), la séance du 14 pluviôse, an III, « est consacrée à prendre les mesures pour avertir l'ancien curé Vial, qui est toujours au presbytère, de se retirer au plutôt, car ses appartements sont affectés aux écoles ».

En cette même séance, la citoyenne Madeleine Barthélemy et son époux Clément Marié, de Paris, pourvus de leurs certificats de civisme, sont acceptés pour instituteur (1) et institutrice de Fuveau (et ensemble de Belcodène).

L'instituteur était souvent secrétaire ; aussi, l'*article-secrétaire*, au budget communal de 1794, était assez lourd pour l'époque :

Greffier, secrétaire.......	450 livres
Eclairage, chauflage.....	600 —
Monteur d'horloge	38 —
Enterre-mort, fossoyeur .	36 —
Papiers, port de lettres..	120 —
Valet de ville....... ...	45 —
Imprévu...............	750 —
Percepteur.......... .	101 , 19
Total....	2140 , 19

(1) Les instituteur- subissaient de fréquents changements: Lascaz, en 1792 ; Jean-Baptiste Fabre, en juin 1793 ; en octobre 1793, Nicolas Bonjaux, de Verdun; le 3 ventôse, an II, Louis Vitalis ; Grenier, l'an IV.....

Robespierre avait établi le régime de la Terreur, avec les mesures les plus sanguinaires. Après s'être défait de Danton, son rival en puissance, il voulut organiser un simulacre de religion. Fuveau, à l'instar de la capitale, adora l'Être-Suprême dans l'église devenu temple de la Raison. C'est là que sur des affiches municipales les habitants venaient lire les lois et chanter des hymnes de circonstances (an III).

Décrété d'accusation par la Convention, Robespierre fut arrêté, condamné et exécuté le 26 juillet 1794.

Avec lui finit le règne de la Terreur et une ère de tolérance est annoncée.

Aussi le 25 fructidor, an III, devant Jean, Joseph, Vitalis, tailleur et secrétaire-greffier de cette commune de Fuveau, le citoyen Michel Coulon est comparu, lequel a déclaré qu'il se propose *d'exercer le ministére d'un culte,* sous la dénomination de catholique, apostolique, romain, et de ne déroger en rien à ces principes, *dans l'étendue de cette commune.* Il a requis qu'on lui donne acte de sa soumission aux lois de la République.

Dont acte, conformément à la loi Et a signé M. Coulon (1) ».

La déclaration de cet intrépide mérite d'être signalée et prouve que la paroisse de Fuveau ne dut guère manquer de prêtres pour administrer, en secret, les sacrements aux fidèles, aux fervents de la religion catholique. Ils existaient, certes, ces fervents, comme le prouvent les deux pièces suivantes :

(1) Coulon, curé de Fuveau signe à l'Etat-civil jusqu'au 22 avril 1791. — Est-ce le même ?

« Le 18 brumaire, an IV (1), est comparu pardevant nous, membre de la Commission municipale de cette commune de Fuveau, le citoyen Nicolas Suzanne, agriculteur, lequel a fait sa déclaration qu'il a choisi l'enceinte de la ci-devant église de Fuveau pour servir au rassemblement des citoyens pour exercer leur culte religieux, et a signé avec nous.

Suzanne — Laugier, président. »

« Le 9 brumaire de l'an IV, est comparu pardevant nous. ... le citoyen Antoine Cheistin, agriculteur, résidant à Châteaularc, fermier de cette commune, lequel a fait la déclaration qu'il a choisi l'enceinte de la ci-devant église de Chateaularc pour servir au rassemblement des citoyens pour exercer leur culte religieux, et a signé avec nous.

Antoine Cheistin — Laugier ».

La tolérance annoncée, et l'ordre qu'on disait établi, n'étaient pas encore en grand honneur ici. On réorganise la garde nationale, on nomme des officiers à ses trois compagnies, on reçoit les visites des nationaux voisins qui amènent des prisonniers, ou viennent chercher des citoyens suspects. Et si on fait des cérémonies aux harangues creuses, pour « rétablir cette bonne et belle liberté perdue (2), pour célébrer la souveraineté du peuple devant l'autel de la patrie plein de drapeaux, et environné de tout le peuple chantant des hymnes patriotiques et criant vive la Constitution,

____

(1) A Trets ce ne fut que le 25 floréal « qu'Antoine Bourge demande et obtient pour le culte le local de la paroisse ».
(2) Délibération du 29 brumaire, an VI.

vive le gouvernement (1)», il faut néanmoins toujours prêter des serments douteux et diriger des patrouilles toute la nuit soit dans le pays soit dans la campagne (2).

« Le 18 prairial, an VIII, nous, Barthélemy, maire, étant à la maison commune, s'est présenté le citoyen André Aillaud, prêtre originaire d'Aix, y résidant, lequel nous a déclaré vouloir exercer le culte catholique, apostolique, romain, et a choisi cette paroisse pour ce faire. Et lui ayant demandé de faire le serment prescrit par la Constitution pour les fonctionnaires publics il l'a prêté devant nous.— Aillaud, prêtre, — Barthélemy, maire ».

Evidemment ce prêtre n'habite pas la cure, car elle est louée, en partie, à Antoine Barthélemy pour 36 fr., et en partie à Mathieu Barthélemy pour 29 francs, sans y comprendre les caves et dépendances, mises aussi aux enchères.

L'an IX, la location de la cure continua a être donnée au plus offrant, et le prêtre Honoré Jourdan, qui se présente, le 27 brumaire, pour excercer le culte catholique à Fuveau, promet fidélité à la Constitution, et cherche un abri chez des familles dévouées.

Aux fêtes ordonnées par la municipalité tout est civil encore: autel patriotique, salle verte, dîner fraternel, courses diverses, avec bravades et tambourins, farandoles, illuminations, bals...

(1) Ventôse an VII — D.
(2) Frimaire an VI. Thermidor, an VI. — D.
— Le garde champêtre installé (emploi nouveau) le 1er messidor, an VI, ne pouvait, certainement, suffire à la rude besogne de ces temps toujours troublés.

Cependant nous touchons au terme de l'anarchie ; les mines reprennent, et des commandes de charbon arrivent nombreuses de Marseille et de Toulon.

La sûreté des routes n'étant pas complète dans la vallée, la préfecture mande, le 27 prairial an X, aux maires de Fuveau, de Trets, etc , de désigner chaque jour à tour de rôle un nombre de citoyens qui ne pourra être au-dessous de 15, pour faire des patrouilles de jour et de nuit sur tout le territoire. I es maires fourniront les armes qui seront remises au dépôt, les gardes accompagneront les voitures publiques. Un officier, ex-capitaine de la garde nationale, ou un ancien militaire commandera ces patrouilles.

Des visites fréquentes seront faites aux auberges et aux cabarets, et avec soin, les étrangers seront examinés (1).

Si les communes n'exécutent pas ces ordres, on poursuivra les maires ».

Les brigands (2), les comploteurs sont encore dans le voisinage l'an XI, mais ils ont soin de se cacher et en veulent à ce pauvre piéton, à 36 livres par an, qui va deux ou trois fois par décade prendre et porter à Aix les lettres de l'administration.

(1) Une délibération du 29 frimaire, an XI, « fait défense à tous les cabaretiers de faire sortir tout le monde à 8 heures du soir, à peine d'une amende. De même on punira tous les jeunes gens qui feront tapage dans les rues, après 9 h du soir, et en recherchera ceux qui ont mis des charrettes dans les rues pour les obstruer... ».

(2) Les administrateurs des Hospices d'Aix écrivent au maire de Fuveau, le 23 messidor, an X :

« Rosalie Barbaroux, enfant de huit ans, fille d'Antoine Barbaroux de votre commune, et *exécuté* à Aix ensuite d'un jugement, trouvée vagabonde dans notre commune, a été placée provisoirement à l'Hospice de la Charité d'Aix. Payez pour elle, ou faites la prendre...

« Le 6 prairial, an XI, en l'église métropolitaine de Saint-Sauveur, à Aix, après l'Evangile, conformément à la loi, s'est présenté par devant nous, F. Jean, Philibert, Aubert, sous-préfet de cet arrondissement, le citoyen Jean, Pierre, Flayol nommé succursaliste de la commune de Fuveau, lequel a prêté serment de fidélité à la Constitution ».

Voilà enfin le culte catholique qui se réorganise légalement à Fuveau.

Le conseil municipal par ordre du sous-préfet, s'assemble le 5 thermidor, an XI, pour fixer le traitement du citoyen Flayol auquel on donnera 800 francs. Cette somme, après convocation de tous les habitants, on décide de la répartir sur toutes les impositions. Au surplus, la mairie met, dans son budget, 200 francs d'indemnités pour ledit curé, 100 francs pour le bureau de bienfaisance, 400 francs pour réparations du presbytère et de l'église...

Pour terminer la réorganisation fabricienne, le préfet des Bouches-du-Rhône nomme, le 28 thermidor, an XII, marguilliers de l'église de Fuveau : Jacques Suzanne, Long Roche, Jacques Bonfillon. Ils prêtent serment, le 12 fructidor an XII, devant le maire Vitalis.

Nous sommes en 1804, Napoléon Bonaparte est proclamé empereur. Un régime nouveau commence, mais à peine dirons-nous les principaux faits qui l'encadrent, durant le XIXme siècle.

CHAPITRE VII

*Simples notes et dates des événements les plus mar-
quants ou les plus curieux de Fuveau au XIX^mo
siècle.*

1809. — 14 janvier. — Délibération pour ouverture
et réparations à la porte de Bassac ; alignement hors la
porte de Fabre ; chaussée à la porte neuve.

1810. — « L'école est dans une maison attenante au
presbytère acquise à cette époque ».

1811. — « Vote de 36 fr. pour le messager, et de 12
fr. pour le fourrier qui était habillé comme à l'ancien
régime ».

1814. — Vitalis, maire, fait rédiger une adresse
aux princes de Bourbon, « d'une dynastie si chère à
tous les Français et dont elle a toujours fait et fera le
bonheur et la gloire ».

1815. — Suzanne, maire, « jure à Dieu de garder
obéissance et fidélité au Roi; promettant de lui faire
savoir s'il se trame quelque chose à son préjudice ».

1816. — Mission extraordinaire donnée par le Père
de Mazenod et ses Oblats.

Elle dura tout le mois de septembre et suscita une

foule de conversions dans le pays et ses environs.
Presque personne ne manquât. Impossible de quitter
l'église avant minuit, et le premier exercice du matin
commençait à 3 heures et demi.

Pour pouvoir venir à bout de ce travail exorbitant,
les missionnaires finirent par dire aux habitants de
Gréasque et de Saint-Savournin, qu'après la clôture,
ils iraient chez eux.

Le maire Cassagne, chirurgien, fit consigner l'événement dans une délibération du 13 octobre (1), et le
curé Chabert en donna le détail aux vicaires capitu-
laires, le 8 octobre. En résumé il leur écrivait :

« La dissipation et ses suites funestes ont fait place à
la ferveur. Le peuple fait ses délices de visiter nos
temples saints.

Toutes les nuits de ce mois de mission furent sanc-
tifiées par de pieux pélerinages ; les habitants de la
campagne se rendaient de toutes parts à Fuveau, avant
3 heures du matin, faisaient retentir l'air de leurs
cantiques et annonçaient aux gens du village qu'il
fallait se lever. Nos pauvres charbonniers disposaient
leurs travaux de manière à ne manquer aucune ins-
truction.

Aussi le blasphème fut extirpé, les jurements bannis
des mines de charbon. Ces paroles « Jésus-Christ soit
loué éternellement ! » sont dans toutes les bouches

(1) « Il dit qu'on exaltât la Croix qui se trouvait au pont de la
Lèque, sur le chemin d'Aix qui conduit à la fabrique d'eau-de-
vie de Monsieur Arnaud ». — Ce chemin d'Aix, qui passait sous
le rempart du nord et de l'ouest, était bien l'unique voie de cette
direction, pour entrer dans Fuveau, puisque le boulevard n'existait pas encore.

comme sur toutes les portes des habitants. C'est maintenant le *salut ordinaire* parmi nous.

L'amende honorable du Saint-Sacrement pour réparer les outrages faits à l'église pendant la Révolution fut remarquable, et Jésus-Christ reçut une réparation magnifique. On sanglotait, on criait : *Jésus-Christ sieguè lauʒat !*

Enfin le peuple ne pouvant être contenu dans l'église, on dressa un autel en plein air, dans le jardin autrefois attenant à l'église : ce fut comme une succursale !

C'est dans cette mission que le saint Père Suzanne reçut sa vocation pour les Oblats. Dans la Vie du Père de Mazenod, on peut voir quel cœur, et quel zèle avait ce prêtre si vite couronné par Dieu !

1819. — Fondation de l'usine La Marie-Gabrielle-Saint-Paul (fabrique d'acide sulfurique), près de la gare de la Barque-Fuveau.

1828. — La foire de Saint-Michel est fixée au 11 septembre.

1830. — 4 décembre. — Délibération pour faire fermer les cabarets à 10 heures du soir, à cause des plaintes des habitants.

1831. — J.-B. Etienne est maire, en remplacement de H. Dépousier.

1833. — Fondation de l'usine Saint-Laurent (fabrique de soude et de potasse), presque sous le pont du chemin de fer, à Rives-Hautes.

. Ladite usine avait des droits sur l'eau du béal du Vallon.

1835. — 2 février. — Fondation de la Société philharmonique de Sainte-Cécile.

1837. — Sous l'administration de Joseph Long, fut changé le cimetière. Le nouveau, situé au quartier de *Mon-Plaisir*, fut béni solennellement le 11 juin.

1838. — On va chercher les correspondances postales à Châteauneuf-le-Rouge, où passait le courrier d'Aix. De la sorte, il y avait économie de 9 kilomètres, car depuis le commencement du siècle, un messager postal se rendait deux fois par semaine de Fuveau à la ville d'Aix.

1839. — Le conseil municipal, réuni le 4 août, autorise le bureau de bienfaisance à accepter le legs de Jean, Pierre, Flayol, ancien curé de Fuveau, devenu chanoine-archidiacre de l'évêché de Marseille. Ce legs est de 1.000 francs, avec obligation de faire acquitter deux messes, tous les ans, pendant vingt ans.

1840 — Philippe Menut est nommé maire.

1840-1841. — Erection de l'Ecole des *Sœurs du Saint-Nom de Jésus*.

1844. — Le Cours commence à être créé. Les plantations se font plus tard.

1844. — De cette année, en l'année 1868, le bureau de distribution des lettres de Fuveau dépend de Trets. C'est là qu'on va prendre le courrier.

1848. — Nomination du maire Joseph Suzanne. Nouvelle mairie et école. Le principe d'acquisition de l'emplacement de ladite mairie actuelle avait déjà été agréé en conseil, le 7 août 1843.

1851. — Le conseil municipal assemblé, le 4 mai, « approuve le plan et le projet de reconstruction de l'église, tels que le curé Joubert les lui a présentés, et l'autorise à remplir toutes les formalités nécessaires ».

Le conseil délibère ensuite à l'unanimité d'acheter le terrain du Cours où des plantations ont été commencées (1844 — et plus tard — 1859-1860), et des maisons bâties régulièrement tout autour, mais qui n'est pas encore la propriété authentique de la commune.

« Le 28 septembre, un acte définitif remplace la convention élémentaire passée en 1844 entre J. Vitalis, possesseur, et Menut, maire. — Prix : 3.000 fr. ».

1852. — Inauguration du théâtre.

1852. — Adhésion au projet d'élever l'eau de la galerie d'écoulement des mines pour l'alimentation et l'usage du pays.

1853. — 10 avril — Vœu municipal pour la réalisation du projet tendant à l'établissement d'une branche du canal du Verdon au territoire de Fuveau.

1853. — 4 septembre — Pose de la première pierre de l'église paroissiale.

1854. — Bénédiction de l'église, le 4 octobre, sous le vocable de Saint Michel.

1854. — Le conseil municipal considérant qu'il peut résulter de grands avantages dans une Société dite « Secours Mutuels » délibère qu'il y a utilité d'établir une pareille institution à Fuveau » — (Approuvé, en dernier lieu, l'année suivante).

1858-1859. — Préparation et construction de la machine hydraulique pour les fontaines du pays. Celles-ci fonctionnent bien en 1862 (N. R.).

1859. — « Achat du four pour servir de bassin aux eaux potables ».

1861. — Vœu pour la création d'une ligne de chemin de fer entre Aubagne et Fuveau. Le conseil municipal vote pour frais de publicité, levée des plans, cartes, une somme de 5o fr. par 1.ooo habitants, soit 140 francs.

1863. — Le maire d'Hupays fait aussi émettre un vœu à son conseil pour que l'embranchement d'Aubagne-Fuveau soit continué jusqu'à Aix en passant à Bachasson.

1865. — Arrangement de la place neuve.

1865. — MM. Siffrein Depousier et Charles, Auguste, Verminck « mus par leurs bons sentiments à l'égard du village font cession gratuite du terrain nécessaire à la création du boulevard ». D'Hupays, maire.

Siffrein Depousier succède, en cette même année, à d'Hupays dans la charge de maire de Fuveau, et le 5 novembre, il demande, avec son conseil, la création d'un bureau de poste local.

— Obtenu partiellement en 1868. — Complètement indépendant et ne relevant plus de Trets, en 1873.

1870. — Le conseil adopte, le 15 mai « le *projet* d'établissement d'un fil télégraphique se reliant à Gréasque et Marseille, et vote la somme de 5oo francs. Dépousier, maire ».

188o — Exécution dudit travail.

1870. — La commission provisoire pour l'administration communale propose d'affecter 7.75o francs aux dépenses de la défense du pays et à l'armement de la garde nationale sédentaire de Fuveau.

1871. — Monsieur Siffrein Dépousier donne sa démission de maire et Long Marius est nommé à sa place.

1872. — Création de l'école mixte de la Barque.

1873. — Erection de l'école libre des Frères-Maristes.

1874. — Le 18 novembre est installé à Fuveau un bureau succursal de la Caisse d'Epargne. — Lavoir public.

1875. — Le 4 octobre, Monseigneur Forcade consacre l'église de Fuveau, entouré des prêtres du pays et de tous ceux qui y avaient exercé le saint ministère.

— Nous n'avons pas à faire ici la monographie de cet édifice magnifique (36 m. long.; 20, large; 13, haut), ni de l'autel du style et de l'école Puget, ressemblant aux autels de Trets et de Puyloubier; mais ce que nous voulons mettre en relief — en terminant ces lignes — c'est la physionomie sainte du curé Joubert, devenu chanoine titulaire, après 35 ans passés à Fuveau.

Autour de lui, forment, comme un cadre fraternel, MM. Armand, directeur des mines, Biver, ingénieur en chef, Ch. Werminck, maître d'école.

Celui-ci, durant 40 ans, — 1822-1862 — seconde admirablement son pasteur dans la formation intellectuelle et morale des enfants, et laisse dans le pays un souvenir impérissable de probité, de dévoûment, de piété, de bon exemple ..

Il lègue aussi à son fils, né le 21 avril 1827, et devenu, par son exceptionnel labeur, le grand armateur marseillais, le négociant. hors ligne, sa tendre affection pour Fuveau. Aujourd'hui ce fils, qui a tant travaillé pour les colonies (1) de la France, songe à son berceau avec une particulière émotion, y revient fréquemment, donne à grands frais, à sa petite patrie, une place superbe devant l'église, à laquelle l'administration municipale et surtout le Conseil général volontiers apportent leurs concours, et y élève à son père une statue qui sera un des plus précieux souvenirs locaux.

Les noms d'Armand et de Biver sont synonymes d'honneur, de bonté, de générosité. Progrès matériel, progès moral et intellectuel, ces hommes d'élite ont tout mené de front.

Fuveau leur doit le développement et l'extension considérable de son industrie minière, la diffusion de ses produits de chaux et de ciment, une part très prépondérante dans la reconstruction de son église, la fondation ou le fonctionnement de ses écoles libres...

Honneur à ces chefs dévoués aux ouvriers, aimés d'eux, bénis par leurs familles fécondes, et dont la commémoration pieuse se fera toujours dans le cœur des bons habitants de Fuveau !

1880. — Installation du nouveau local de l'école laïque des garçons.

1894. — Installation de la nouvelle école communale des filles, sur le Boulevard.

______

(1) M. Charles Werminck a envoyé quantité de jeunes gens de Fuveau et d'ailleurs dans ses comptoirs du Sénégal. Un des plus intrépides fut Moustier Marius, dit de Loni, né à Fuveau le 14 juin 1852. Il explora les sources du *Niger*, et reçut, à son retour, les palmes académiques, la médaille d'or de la Société de Géographie de Marseille, le 1er octobre 1880, un diplôme d'honneur de la Société de Géographie de Lyon, etc.. etc. — V. *Bulletin de la Société e Géographie de Marseille*, 1880.

. . . .

Le chemin de fer, qui depuis 1877 passe à 3 kilomètres de Fuveau, va enfin arriver dans le pays même.
L'embranchement de Valdonne-La Barque-Fuveau
s'exécute à cette heure : espérons que les travaux
seront menés rondement et que le double bienfait de
la galerie de la mer et du chemin de fer joignant la
vallée de l'Arc à la vallée de l'Huveaune transformera
toute cette région carbonifère !

. . . .

Il resterait à mettre ici en conclusion certaines notes
biographiques sur quelques autres personnalités mar-
quantes de Fuveau au XIXme siècle.

Les notes sont prises, l'œuvre est faite ; mais, après
réflexion, nous avons pensé que ce travail ne concor-
derait pas avec la sobriété de tout notre texte anté-
rieur.

Renvoyant donc à une autre place et à une circons-
tance différente ce qu'on pourrait dire sur l'élite de
Fuveau en ce dernier siècle écoulé, nous terminons
ainsi ces *Recherches* :

La commune de Fuveau s'est véritablement distin-
guée par les nombreux et glorieux enfants qu'elle a
fournis à la magistrature, à la médecine, à l'armée, à
la peinture, au sacerdoce, à la sculpture, à l'adresse
technique des industries régionales, à la géologie, à la
lutte gauloise, à la course pédestre, au calcul, à la poésie,
au commerce, au chant, et surtout à la musique.....

TABLE

IVe CHAPITRE

Ve CHAPITRE

Pages

VI° CHAPITRE

VII° CHAPITRE

PAUL POURCEL

IMPRIMEUR-ÉDITEUR

ANCIENNE MAISON REMONDET-AUBIN

FONDÉE EN 1816

Principaux Ouvrages du même Auteur

Recherches Archéologiques et Historiques sur Trets.

Le *Studium* du Pape Urbain V.

Le Prieuré de Saint-Jean-du-Puy.

Saint-Martin-de-Vidoles et les Hospitaliers de Saint-Jean-de-Jérusalem.

Le Cengle et ses alentours.